les Ballons

EN S'AMUSANT

NICK HUCKLEBERRY BEAK

MANISE

Cette édition a d'abord été publiée en 1996 par Lorenz Books

ISBN : 2-84198-060-X

Traduit de l'anglais par Ariel Marinie

Dépôt légal : Mai 1997

Distribué au Canada par Raincoast Books Limited

Éditeur : Joanna Lorenz

Directeur de la collection jeunesse : Sue Grabham

Directeur de projet : Sophie Warne

Photographe : John Freeman

Styliste : Edward Kinsey

Nick Huckleberry Beak peut être contacté au 01162 760 550

Imprimé en Chine

Introduction

Tordez, tordez, courbez, courbez, étirez, tordez et hop ! Non, il ne s'agit pas d'une nouvelle danse : c'est vous qui, après la lecture de cet ouvrage, aurez attrapé le virus du ballon à modeler. Oui, vous allez créer tout un monde de chiens sans poils, de lapins sans fourrure, de singes sans bananes, de chapeaux invraisemblables et de maisons branlantes.

Troublé ? Vous ne le serez pas beaucoup plus longtemps. Ouvrez un sac de ballons et laissez libre cours à votre imagination. Au début, vous créerez des formes juste pour vous amuser, puis vous le ferez pour étonner vos amis ou à l'occasion d'une fête, et enfin vous ne pourrez plus vous arrêter et vous continuerez à l'école ou en attendant l'autobus. Vous serez devenu un fada du ballon à modeler avant même d'avoir eu le temps de vous en rendre compte !

Eh bien maintenant, qu'attendez-vous, tournez la page !

Nick Huckleberry Beak

Table des matières

COMMENT COMMENCER

BALLONS MAGIQUES

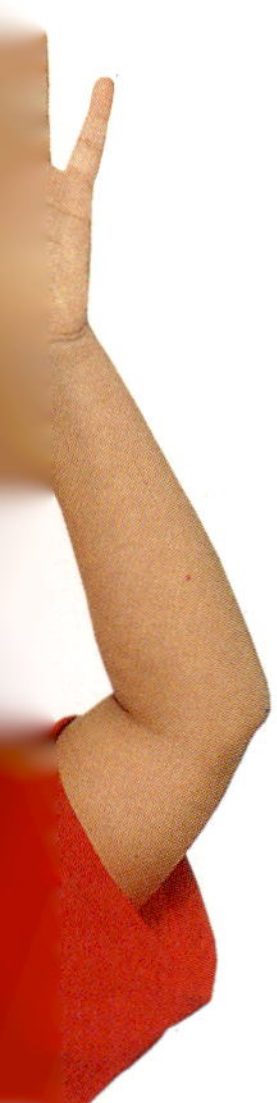

Sécurité et fournitures

Ces ballons sont amusants, mais ils peuvent également être dangereux. Aussi faut-il prendre certaines précautions :

1. Gardez toujours les ballons non gonflés ou éclatés hors de portée des jeunes enfants et des animaux pour éviter les accidents par asphyxie.

2. Ne mettez jamais un ballon dans votre bouche.

3. Tenez les ballons éloignés de vos yeux, en particulier lorsque vous les étirez ou les gonflez.

4. Utilisez toujours une pompe à ballon. Les ballons à modeler sont difficiles à gonfler et peuvent endommager les poumons ou les oreilles quand on essaie de les gonfler sans pompe. Tout cela est une simple question de bon sens, vous en conviendrez. Assurez-vous donc que vos amis aussi respectent ces précautions, et ainsi vous pourrez passer de longues heures à vous amuser en toute sécurité.

LES BALLONS

Tous les projets de cet ouvrage sont réalisés à partir de ballons à modeler du type « 260 ». Ils existent en

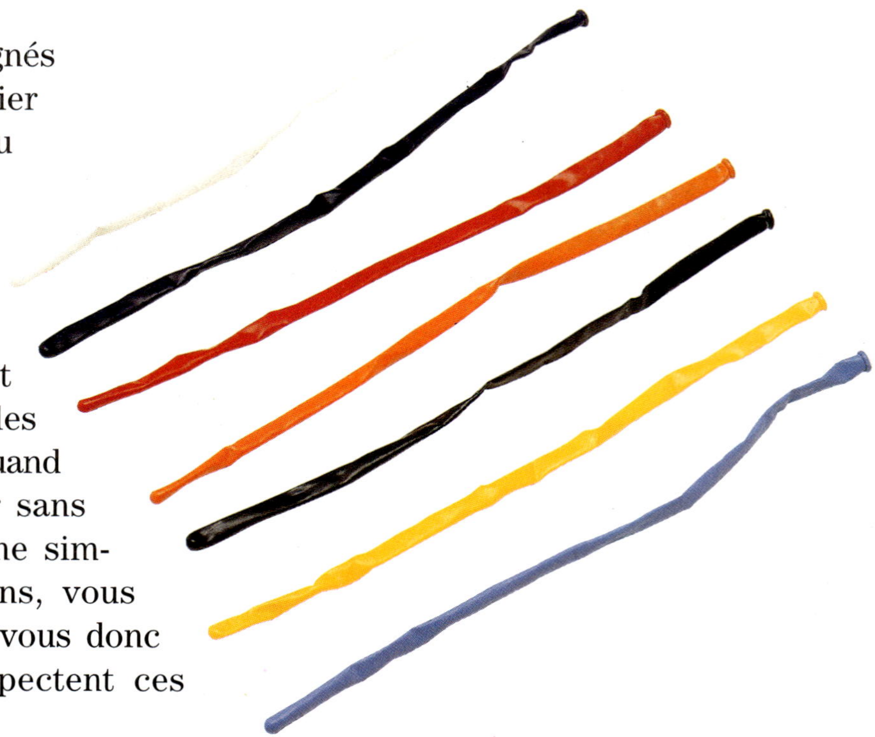

différentes couleurs et sont généralement vendus par sac de 100. Certains fournisseurs spécialisés vendent également des sacs de ballons d'une seule couleur en quantités plus importantes. Les ballons peuvent perdre certaines de leurs qualités avec le temps, aussi est-il recommandé de les conserver dans un endroit frais et sombre.

LES POMPES

Il existe de nombreux types de pompes, mais ne les confondez pas avec les pompes à ballon classiques. Il vous faut une pompe équipée d'un tuyau effilé. Les meilleures sont les pompes à double action qui gonflent le ballon lorsque vous enfoncez la pompe et la ressortez. Essayez-en plusieurs et choisissez celle que vous préférez.

LES FEUTRES

Il peut être amusant de dessiner des visages ou des motifs sur vos ballons pour leur donner vie. Les feutres pour tableaux essuyables à sec sont très bons, de même que certains feutres à encre indélébile. Emportez un ballon avec vous lorsque vous allez acheter un nouveau feutre et faites des essais afin d'être sûr du résultat.

Comment gonfler et nouver les ballons

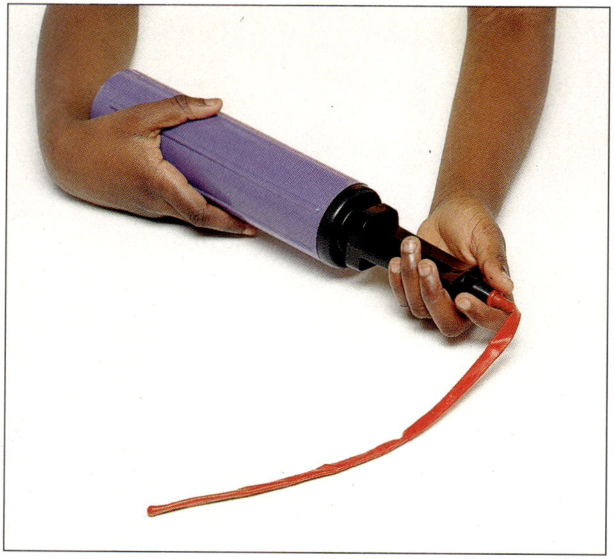

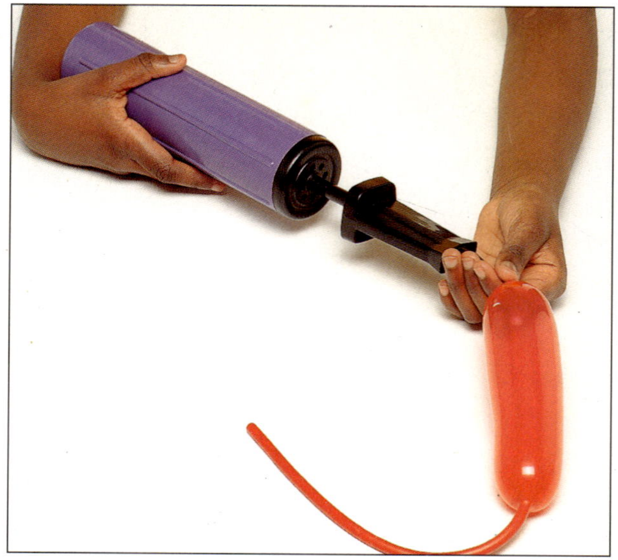

1 Les ballons à modeler sont plus faciles à gonfler et risquent moins d'éclater lorsqu'ils sont chauds. Pour les réchauffer, étirez-les à plusieurs reprises et surtout ne les mettez pas au réfrigérateur ! Insérez le tuyau de la pompe dans l'orifice du ballon en les maintenant fermement d'une main.

2 Commencez à gonfler le ballon, mais n'oubliez pas d'en laisser une partie non gonflée à l'extrémité. Cela est important car, chaque fois que vous tordez le ballon gonflé, un peu d'air se réfugie dans cette partie. En règle générale, plus un projet comprend de torsions, plus la partie non gonflée doit être longue.

PRÉCISION UTILE

Boum ! Oui, certains ballons sont plus fragiles que d'autres. En moyenne, un ballon sur 25 ou 30 éclate quand on le gonfle (clac !). Aussi ne vous inquiétez pas, ce n'est pas votre faute.

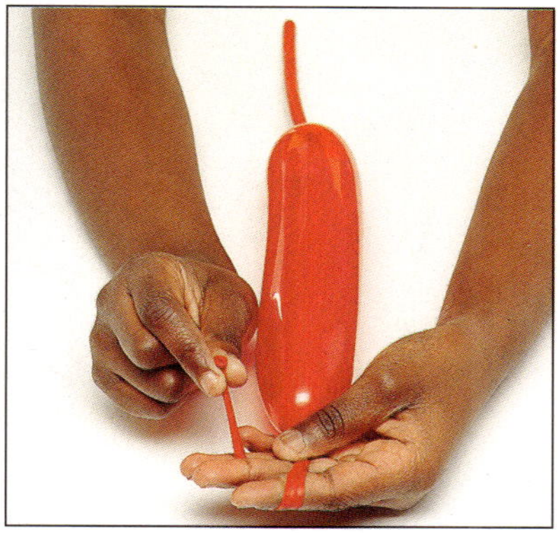

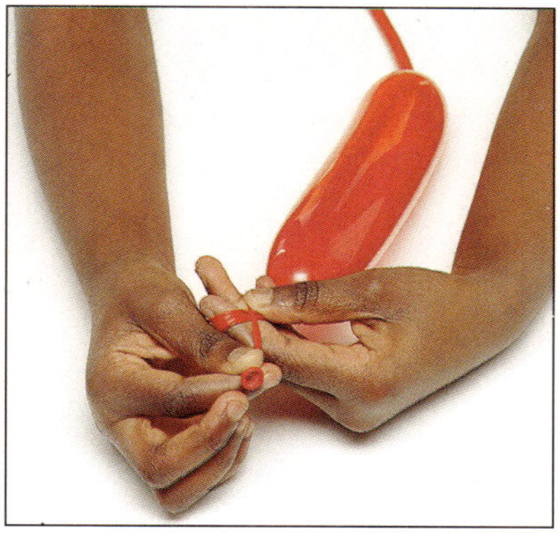

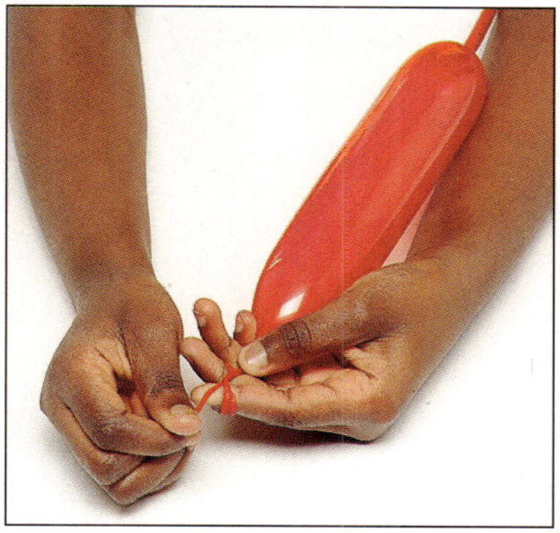

3 Le nœud est parfois agaçant à faire mais, en fait, c'est moins difficile qu'il n'y paraît. Étirez l'extrémité du ballon autour de deux doigts (aïe !) mais sans trop serrer.

4 Continuez à étirer l'extrémité du ballon jusqu'à ce qu'elle forme un cercle complet autour de vos deux doigts. Maintenez-la en place à l'aide de votre pouce.

5 Passez l'extrémité du ballon entre vos deux doigts et à travers le cercle. En d'autres termes, nouez-la !

6 Sans lâcher, retirez vos doigts du nœud et serrez bien fort. Voilà, le tour est joué. Avouez que ce n'était pas si difficile que cela.

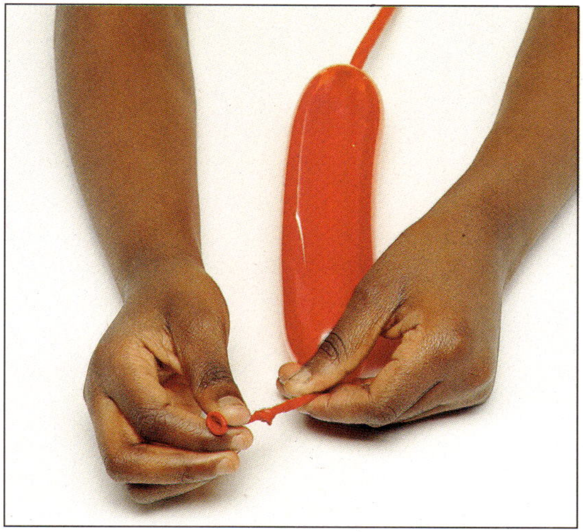

UN BON CONSEIL

Si vous n'y arrivez toujours pas, tant pis ! Il faudra vous entraîner ou bien inventer une machine à nouer les ballons !

Torsions de base

Bien que les instructions pour chaque projet soient assez faciles à suivre,
voici tout de même quelques torsions de base que vous serez amené à utiliser.

TORSION VERROUILLÉE

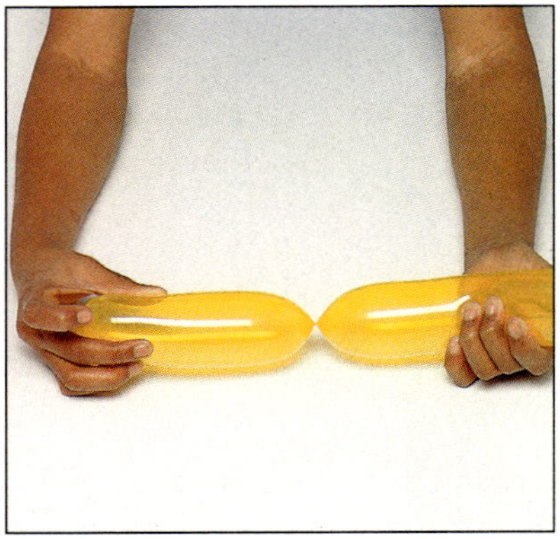

1 Voici une torsion simple. Si vous étirez légèrement le ballon tout en l'entortillant, cela évite les frottements qui risquent de le faire éclater. Tenez-le fermement car, si vous le lâchez, il se déroulera tout seul.

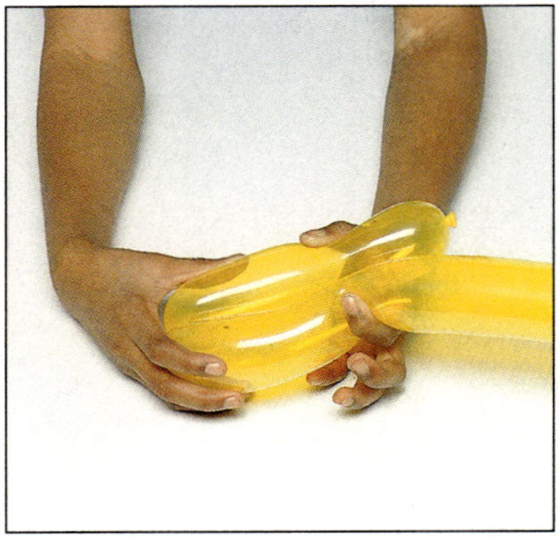

2 Pour empêcher le ballon de se dérouler, fixez-le avec une torsion verrouillée. Repliez le ballon tordu et pincez-le entre le pouce et l'index.

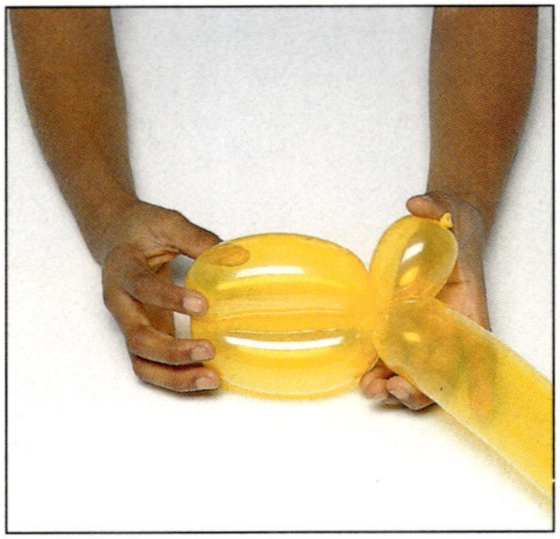

3 Entortillez le ballon au-dessous du pouce et de l'index pour maintenir les deux bulles en place. Maintenant, vous pouvez lâcher, cela devrait tenir.

TORSION ENTRECROISÉE

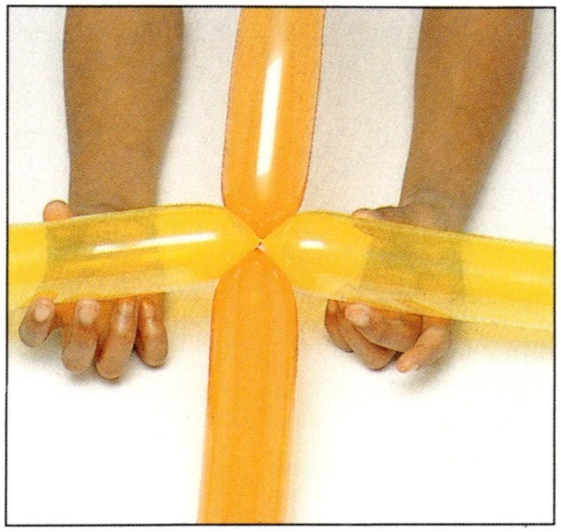

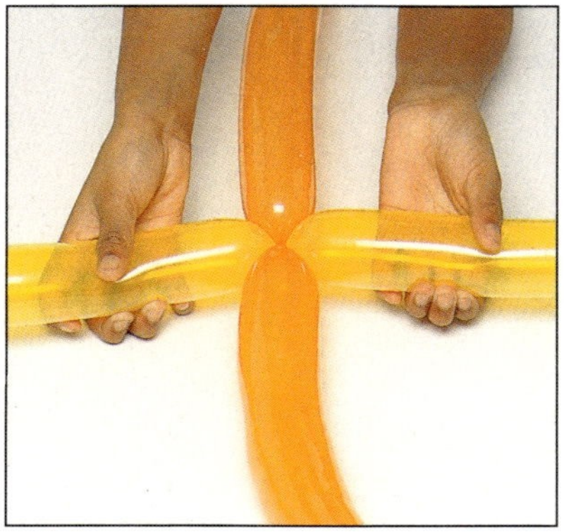

1 Vous pouvez réunir deux ballons à l'aide d'une torsion entrecroisée. Commencez par faire une torsion simple à chaque ballon. Puis encastrez un ballon dans l'autre de façon à obtenir une croix.

2 Entortillez un ballon autour de l'autre de façon à les réunir. Cette torsion est très utile pour ajouter les « extras » à des chapeaux.

TORSION EN BOUCLE

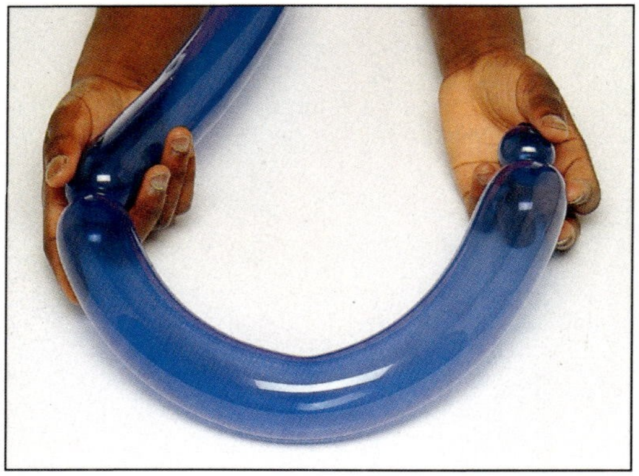

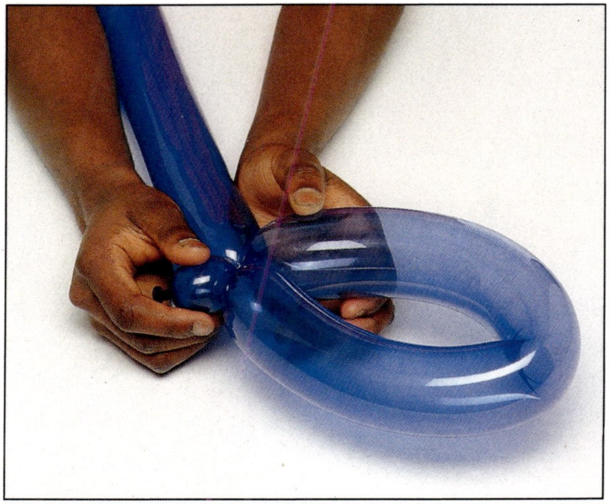

1 Faites deux torsions à un ballon de façon à ce qu'il y ait une torsion à chaque extrémité d'une longue bulle.

2 Enroulez une extrémité du ballon autour de l'autre de façon à bloquer les deux torsions ensemble. Vous pouvez faire une boucle plus ou moins grande. Cette torsion est idéale pour figurer les oreilles ou les pattes d'un animal.

Autres torsions

TORSION PINCÉE

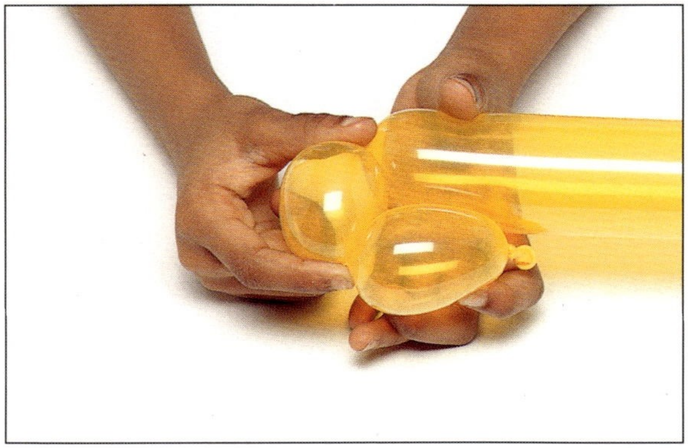

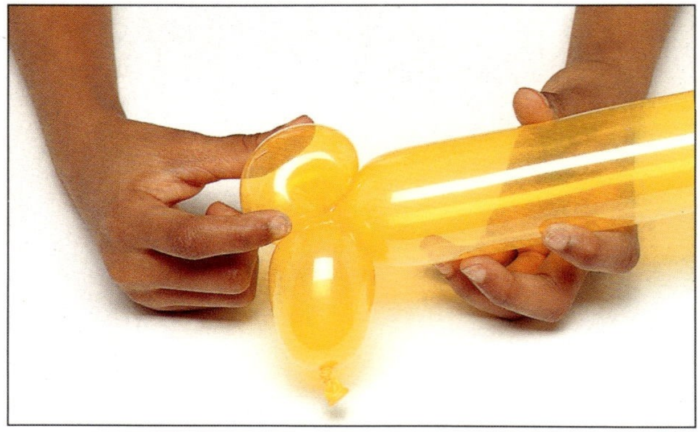

1 Lorsqu'une torsion en boucle devient si petite que la bulle ainsi formée se replie sur elle-même, on parle de torsion pincée. En effet, on pince la bulle avant d'entortiller. Cette torsion est difficile à réaliser.

2 N'est-ce pas amusant ? La torsion pincée est particulièrement utile pour faire les nez et les oreilles, et c'est la seule torsion utilisée dans le projet de chenille.

TORSION-TULIPE

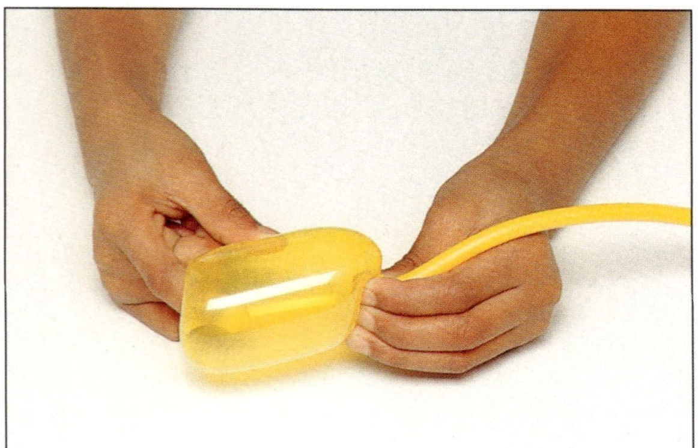

1 Gonflez un ballon en laissant une partie non gonflée à l'extrémité. Repoussez le nœud à l'intérieur du ballon à l'aide de votre doigt.

2 Saisissez le nœud depuis l'extérieur du ballon et ôtez votre doigt. Toujours en retenant le nœud, entortillez le ballon sur lui-même plusieurs fois de façon à ce que le nœud tienne en place.

Décorations

Vous pouvez rendre votre projet-ballon plus coloré, plus réaliste ou plus drôle à l'aide de feutres de couleur.

1 La façon la plus simple et la plus rapide de décorer les ballons est de se servir de feutres. Outre les feutres de couleur, essayez également de vous procurer un feutre blanc. Le blanc est très utile pour dessiner les yeux, car il les fait ressortir.

2 Des yeux, un nez et une bouche : voilà sans doute les premiers attributs dont vous voudrez doter votre ballon. Mais pourquoi ne pas essayer aussi de dessiner des pattes, des mains ou des pieds, des plumes ou des poils, ou tout simplement des motifs complètement farfelus ? Vous pouvez également coller du papier ou d'autres matériaux sur votre ballon avec du ruban adhésif, mais soyez prudent car, si vous le retirez, le ballon éclatera.

UN BON CONSEIL

Par prudence, commencez par tracer vos motifs sur du papier car, une fois que vous les aurez dessinés sur le ballon, vous ne pourrez plus les effacer.

Votre premier animal

Allons-y, essayons un premier projet. Celui-ci devrait ressembler à un chien, mais ne vous inquiétez pas si votre première tentative fait plutôt songer à une grappe de raisin. Recommencez ! Rappelez-vous que la taille de votre chien dépend de la façon dont vous gonflez votre ballon. Votre chien peut aussi bien ressembler à un teckel saucisson à pattes ! qu'à un caniche.

UN BON CONSEIL

Après avoir réalisé votre premier modèle, essayez d'en faire d'autres en changeant la taille des oreilles, du corps et des pattes. Cela constitue un bon entraînement, et peut-être finirez-vous par inventer un nouvel animal.

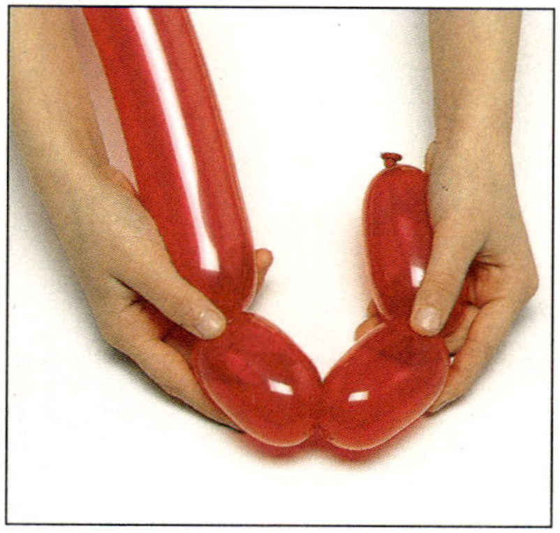

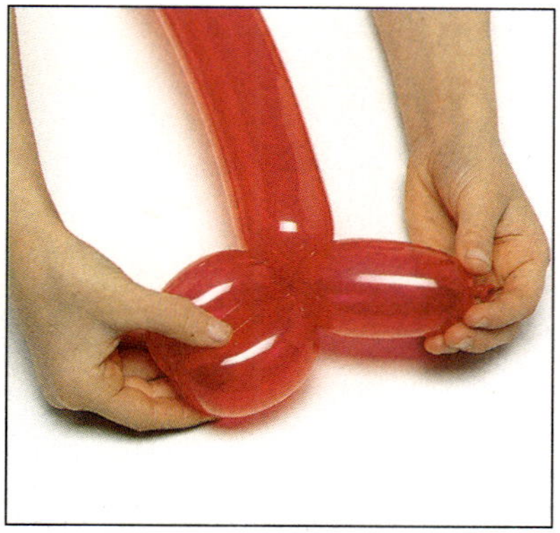

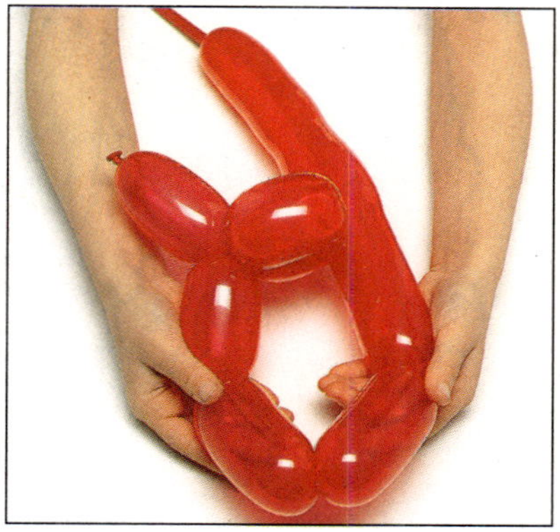

1 Prêt ? Gonflez votre ballon en laissant une extrémité non gonflée de 10 cm. Maintenant, faites trois bulles de 6 à 8 cm de longueur et tenez-les fermement.

2 Pour former les oreilles, entortillez ensemble la deuxième et la troisième bulle. Elles devraient maintenant tenir en place, même si vous les lâchez. C'est la tête du chien.

3 Pour les pattes de devant, entortillez ensemble deux bulles légèrement plus grandes et bloquez-les dans la bonne position. N'oubliez pas de laisser un espace pour le cou de l'animal.

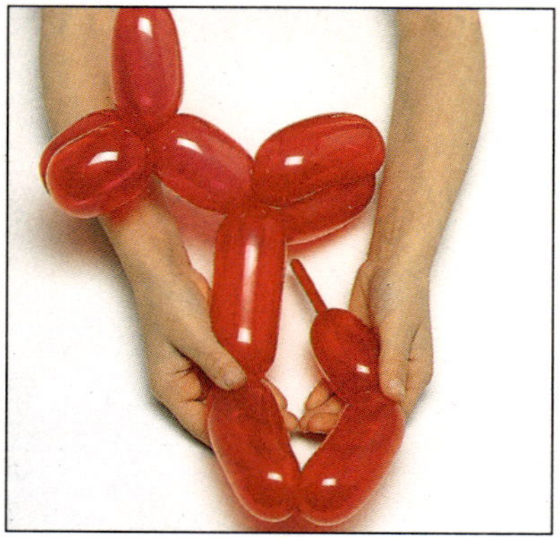

4 Enfin, laissez une portion de ballon pour le corps et entortillez ensemble deux bulles pour les pattes arrière. Vous avez terminé ? Bien joué ! Votre animal ressemble-t-il à celui-ci ?

Nez et oreilles

Le nez et les oreilles peuvent complètement métamorphoser votre projet. Essayez différentes tailles et jugez de l'effet produit.

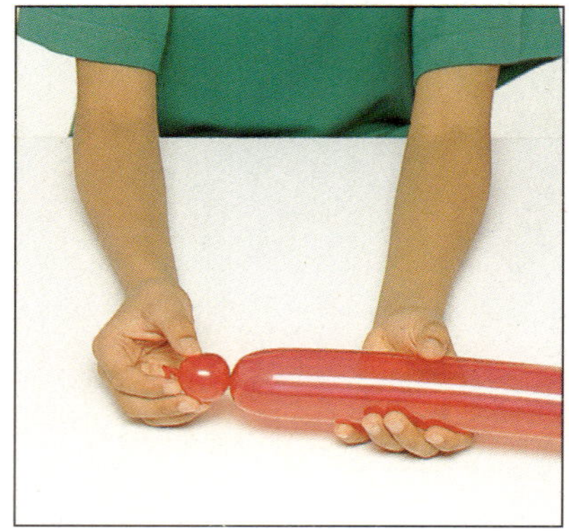

1 Pour faire un petit nez, pratiquez une petite bulle à l'extrémité nouée du ballon. Ne lâchez pas tout de suite !

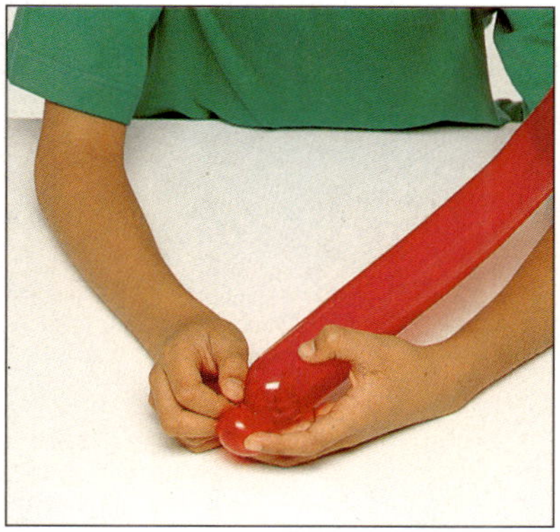

2 Tirez à l'extrémité nouée du ballon pour faire une bulle et entortillez de façon à maintenir en position.

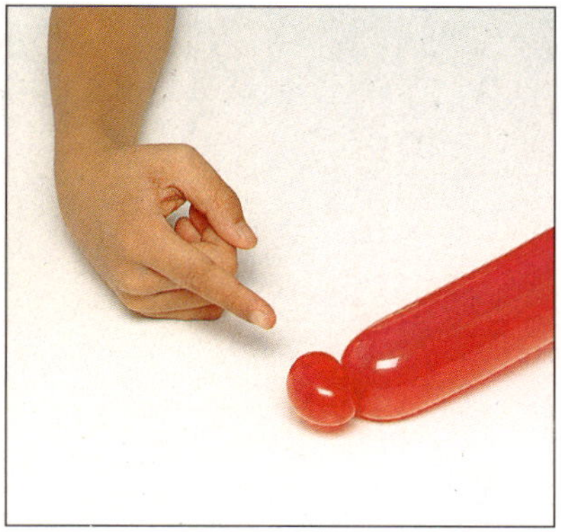

3 Votre ballon devrait maintenant avoir un nez. Vous pouvez le faire plus ou moins gros, selon le type d'animal que vous confectionnez.

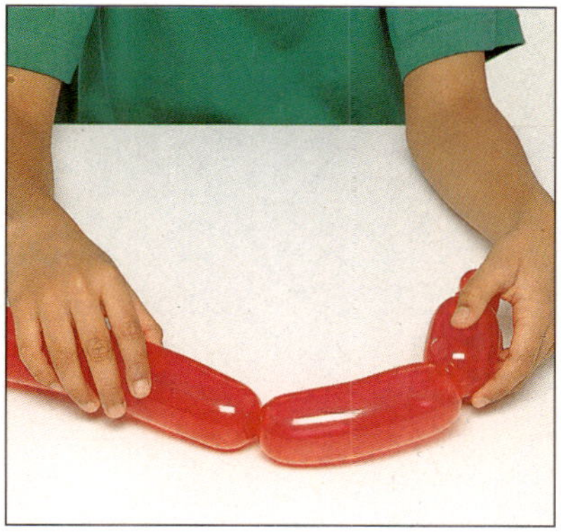

4 Pour la première oreille, faites une bulle de 10 à 15 cm de long.

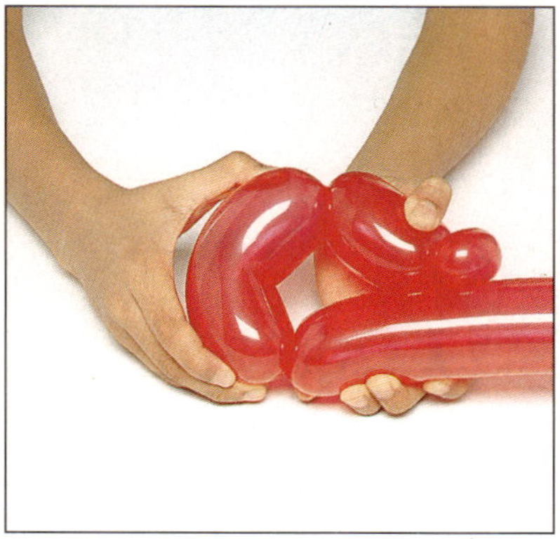

5 Pressez cette bulle entre vos doigts de façon à en faire une boucle. Entortillez ensemble les deux extrémités, de façon à verrouiller.

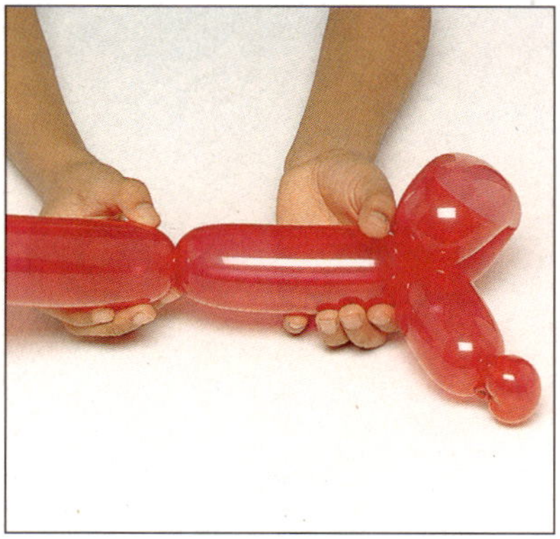

6 Faites une autre bulle de 10 à 12 cm de long pour la deuxième oreille. Pressez la bulle entre vos doigts et entortillez ensemble les extrémités, comme précédemment.

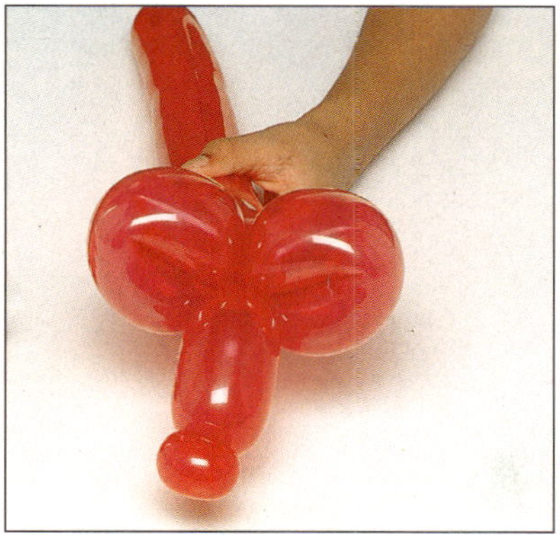

7 Comme vous pouvez le voir, ces oreilles font beaucoup d'effet et donnent à votre animal un caractère tout à fait différent. Les mêmes torsions en boucle peuvent être utilisées pour les pattes. Allez-y, essayez !

Souris

La souris a beaucoup de succès n’est-elle pas adorable ? Et pourquoi ne pas faire toute une famille de souris de différentes couleurs ?

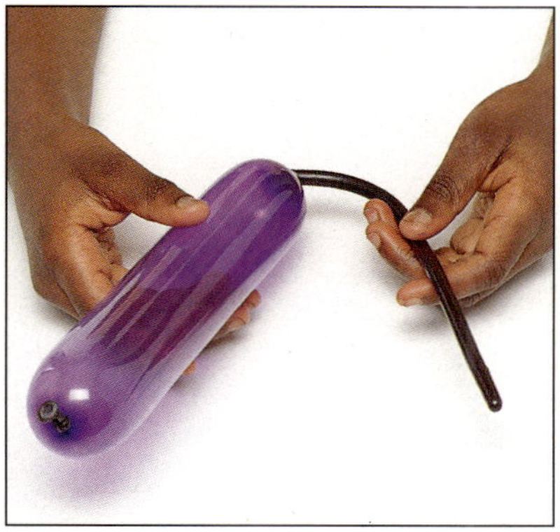

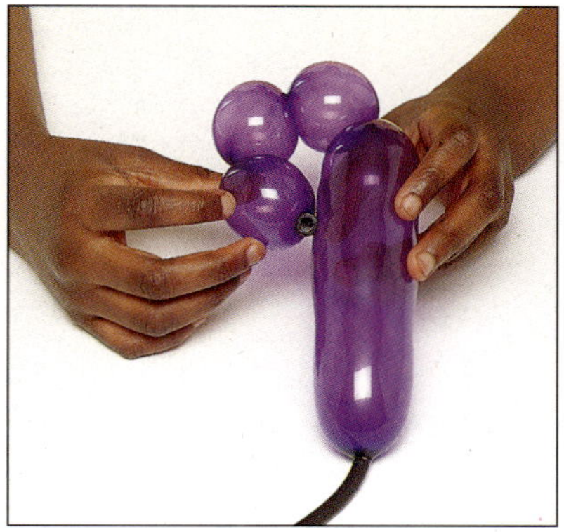

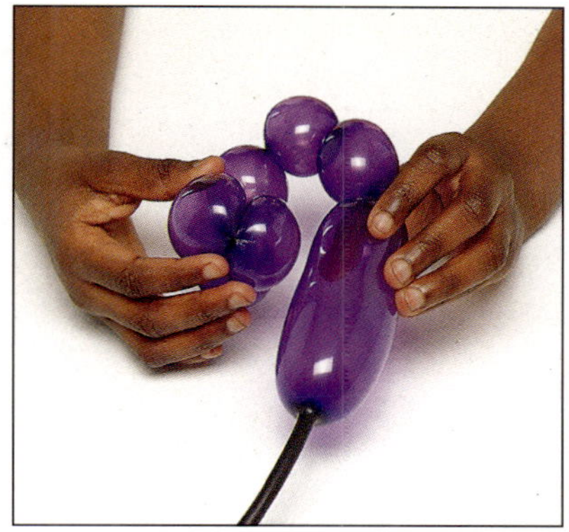

1 Pour une petite souris, il vous faut un petit ballon. Aussi ne gonflerez-vous qu'un tiers du ballon en laissant une longue extrémité non gonflée.

2 Pour former la tête, faites trois petites bulles de 3 cm de long environ. Entortillez et bloquez ensemble la deuxième et la troisième bulle, de façon à représenter les oreilles.

3 De nouveau, faites trois petites bulles de la même taille pour former le cou et les pattes de devant. Entortillez et bloquez la deuxième et la troisième bulle comme précédemment.

4 Devinez ce qui suit ? Vous y êtes : encore trois bulles ! Entortillez et bloquez-les pour former le corps et les pattes arrière. Le reste du ballon formera la queue de la souris.

Girafe

Maintenant, regardons le monde de haut !
Quelqu'un a dit un jour que
si les girafes ont le cou aussi long c'est
pour ne pas sentir leurs pieds.
Qu'en pensez-vous ?

UN BON CONSEIL
Faites en sorte que le corps de la girafe reste court, le cou en paraîtra d'autant plus long.

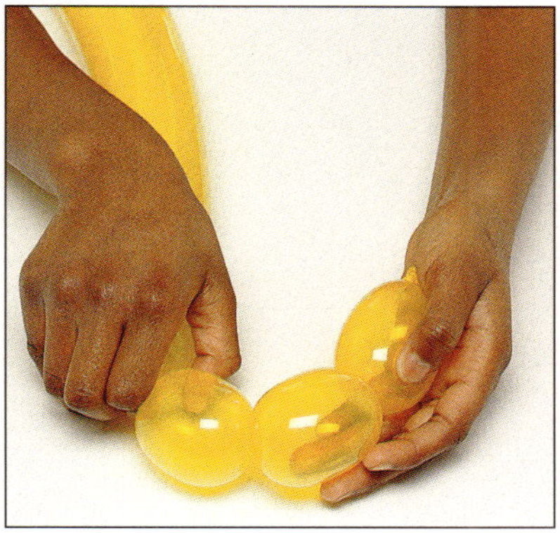

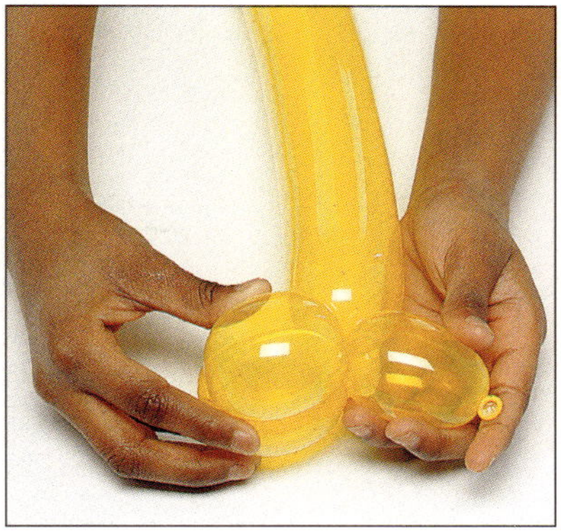

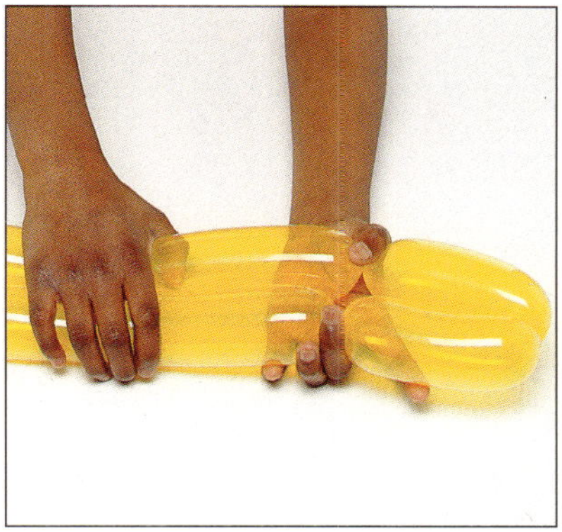

1 Cette fois, vous devrez laisser une extrémité non gonflée de 8 cm. Formez d'abord la tête de l'animal. Faites trois bulles de 5 cm de long.

2 Entortillez et bloquez ensemble la deuxième et la troisième bulle afin de représenter les oreilles. Cet exercice devient de plus en plus facile !

3 Laissez une longue portion de ballon pour le cou de la girafe et faites deux bulles pour les pattes de devant. Pour que la girafe ait l'air bien proportionnée, les pattes doivent mesurer de 8 à 10 cm de long.

4 Enfin, entortillez ensemble deux bulles pour les pattes arrière en laissant une courte queue.

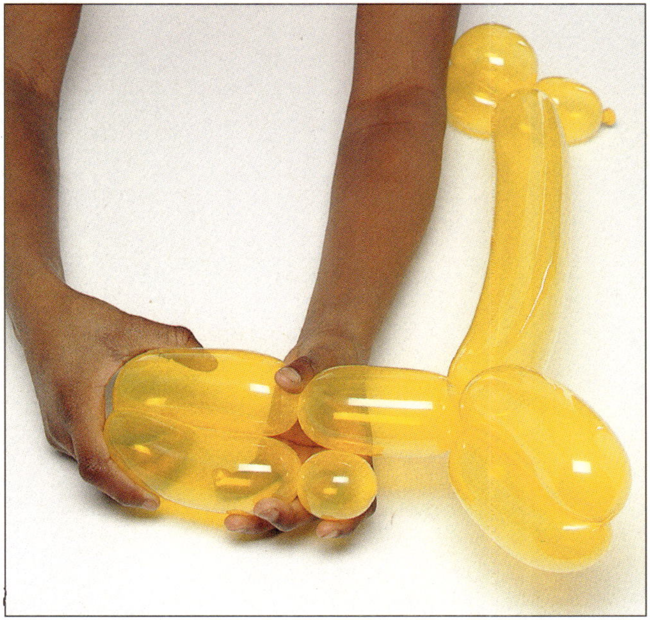

Lapin assis

Pourquoi ne pas donner plus de vie à votre lapin en lui dessinant des dents et des yeux ? Vous pourriez même réaliser, au lieu d'un lapin assis avec les pattes en boucle, un lapin en train de courir en formant des pattes arrière plus longues.

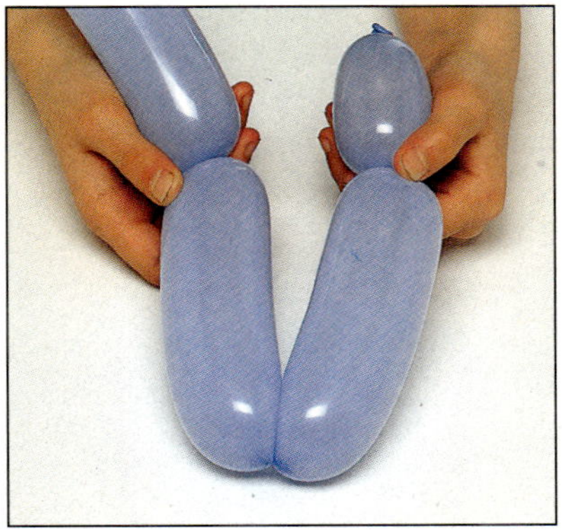

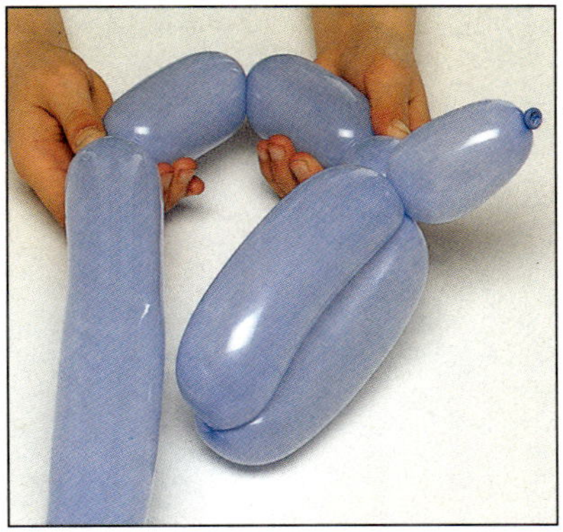

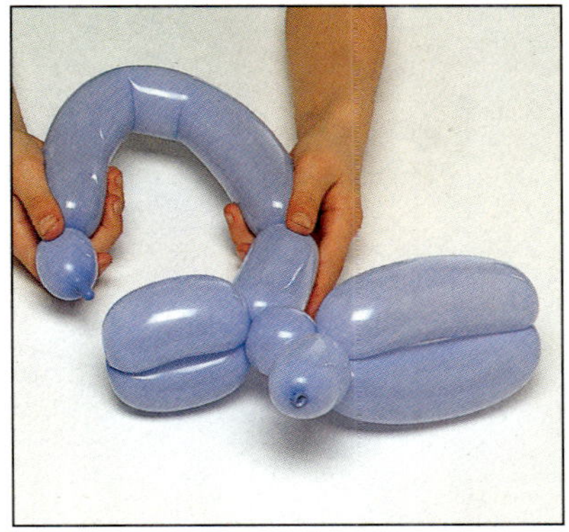

1 Faites d'abord une petite bulle pour la tête du lapin, puis deux bulles plus longues, de 10 à 12 cm chacune, pour les oreilles.

2 Assemblez les deux longues bulles en les entortillant. Laissez un petit espace pour le cou, puis faites deux bulles de 6 à 8 cm de long pour les pattes de devant.

3 Tout va bien jusqu'ici ? Maintenant, faites une grande boucle pour les pattes arrière. Commencez par faire une longue bulle en laissant une petite bulle à l'extrémité du ballon. Formez une boucle avec la bulle la plus longue et assemblez les extrémités en les entortillant ensemble.

4 Glissez les pattes de devant, plus courtes, à travers la boucle des pattes arrière. Votre lapin devrait maintenant tenir assis tout seul !

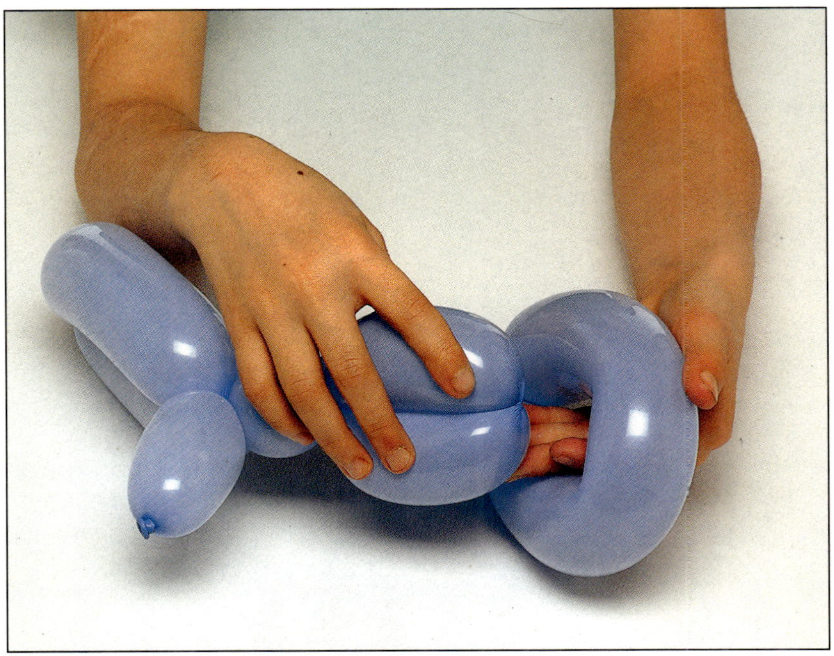

Perroquet sur son perchoir

Joli perroquet ! Il remporte un vif succès, et il n'est pas difficile de comprendre pourquoi. Il peut même se transformer en chapeau si vous placez la boucle du perchoir sur votre tête !

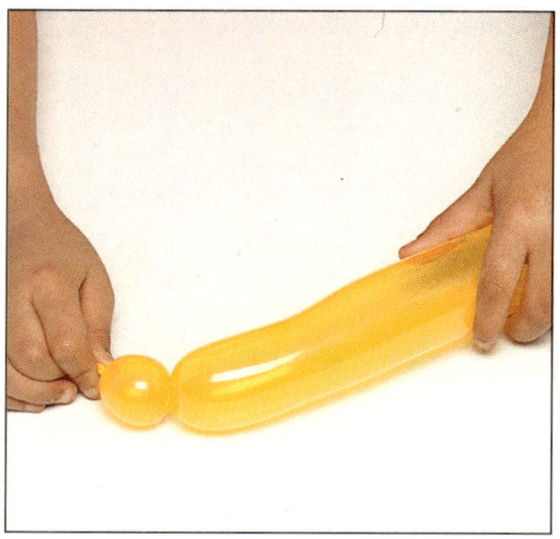

1 Le perroquet est un peu différent des autres ballons-animaux, aussi vous faut-il un minimum d'entraînement. Commencez par faire une petite bulle à l'extrémité nouée du ballon : ce sera le bec du perroquet.

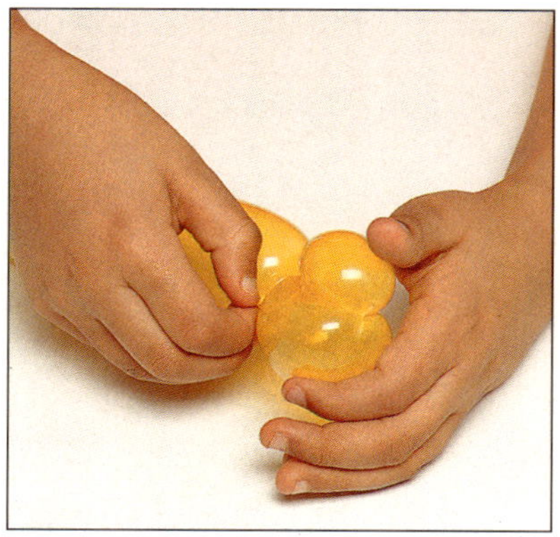

2 Tirez le nœud et la bulle vers le bas, le long du reste du ballon. Entortillez le nœud autour du ballon, de façon à former une autre bulle. La première petite bulle est maintenant étirée et devrait ressembler à un bec sur le devant de la tête du perroquet.

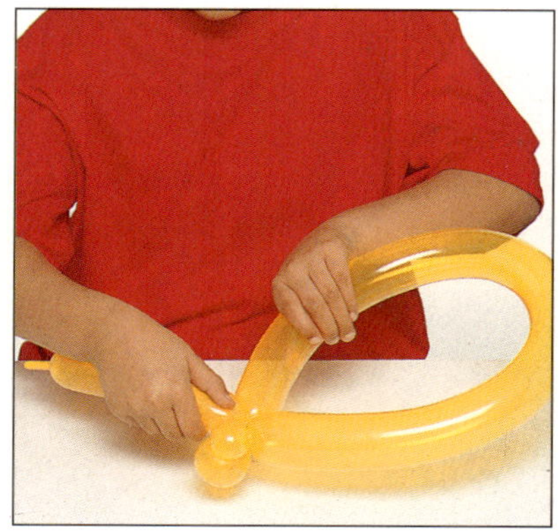

3 Vous vous demandez ce qui va suivre, mais ne vous inquiétez pas, tout ira bien. Formez une grande boucle. Entortillez-la au-dessous de la tête en laissant dépasser une queue de 16 à 20 cm.

4 Voici la partie difficile de l'opération. Bonne chance ! Placez la queue au milieu de la boucle. Pincez et entortillez la queue et les deux côtés de la boucle ensemble, à peu près à 8 cm au-dessous de la tête, pour former le corps et les ailes du perroquet. Maintenant, il ne vous reste plus qu'à percher votre oiseau sur un perchoir.

SUGGESTION

Ce perroquet sur un perchoir est très décoratif. Accrochez-le au mur ou au plafond de votre chambre à l'aide d'un bout de ficelle que vous attacherez au sommet du perchoir.

Bouquet de tulipes

Quel beau bouquet ! Ces ballons-fleurs durent beaucoup plus longtemps que les vraies tulipes et il n'est pas nécessaire de les arroser ! Attachez un joli ruban de couleur autour des tiges si vous voulez les offrir.

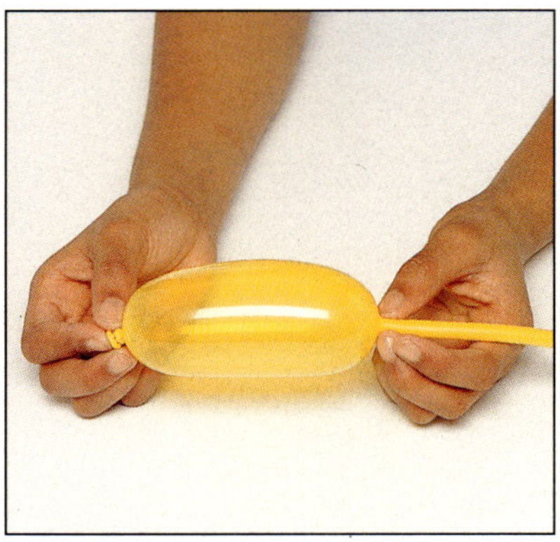

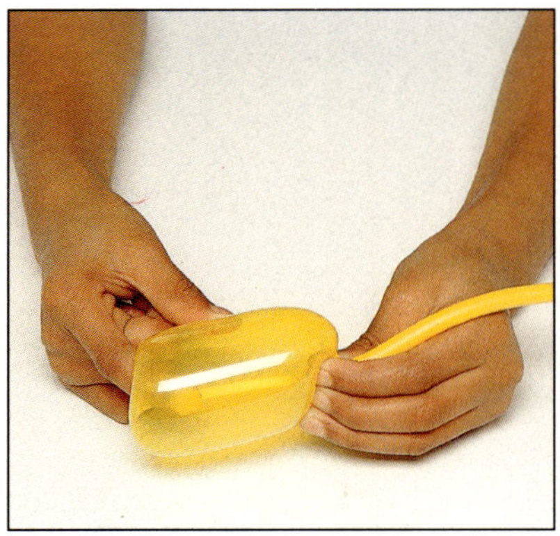

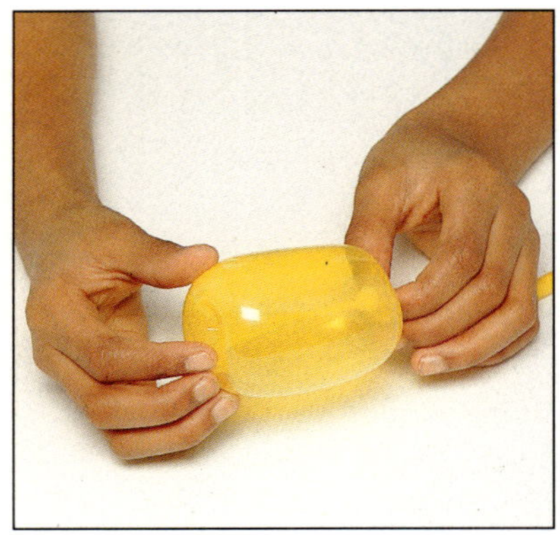

1 Ne gonflez que 8 cm du ballon en laissant une très longue extrémité pour la tige. Maintenant, tenez les deux extrémités de la partie gonflée du ballon, en plaçant un doigt sur le nœud.

2 Avec votre doigt, repoussez le nœud à l'intérieur du ballon. Cela demande un peu d'entraînement, aussi ne devrez-vous pas abandonner dès le premier essai.

3 Saisissez le nœud avec l'autre main et retirez votre doigt. Toujours en tenant le nœud et pour le faire tenir en place, entortillez le ballon sur lui-même à plusieurs reprises. Maintenant, vous apercevez une fine bande qui passe à travers le milieu du ballon.

4 Eh bien, cette opération était plus difficile à expliquer qu'à réaliser, n'est-ce pas ? Alors, maintenant, faites d'autres tulipes de couleurs différentes et offrez-les à une amie.

Épée

Quelle est l'épée qui ne peut même pas couper le beurre ? Celle que vous vous apprêtez à fabriquer ! Au moins, vous ne risquez pas de blesser quelqu'un. Et pourquoi ne pas vous enrouler un ballon autour de la taille pour faire un ceinturon dans lequel vous glisserez votre épée ? Vous pourriez même confectionner un bouclier, mais ne me demandez pas comment, car je n'ai jamais essayé !

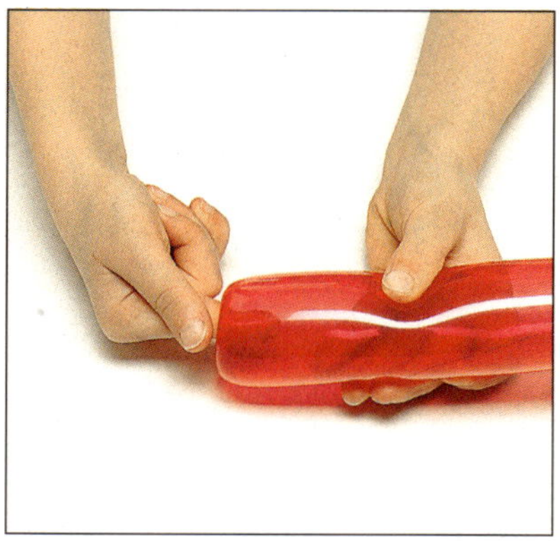

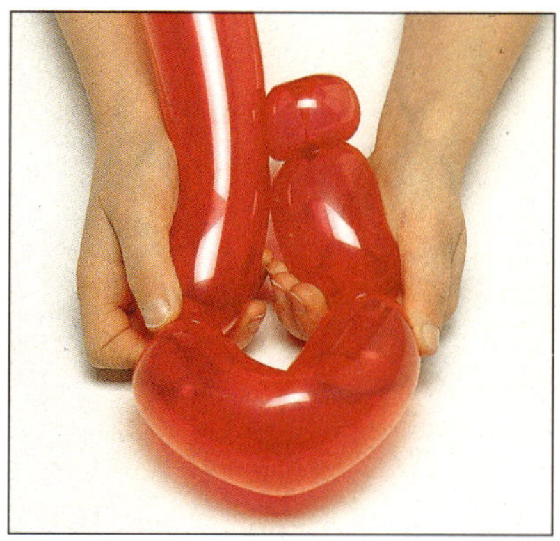

1 Gonflez votre ballon en laissant une extrémité non gonflée de 5 cm de long. Utilisez la torsion-tulipe pour fabriquer la base de la poignée. Poussez le nœud à l'intérieur du ballon puis saisissez-le et entortillez-le pour le maintenir en place.

2 Maintenant, confectionnez la partie protectrice de la poignée. Vous aurez besoin de trois boucles. Formez une boucle avec le ballon et pincez de façon à former une boucle au-dessus de la base de la poignée.

3 Entortillez et fixez la boucle en position. Confectionnez une deuxième boucle de la même taille que la première. Essayez de faire en sorte que ces boucles restent assez petites, de façon que votre épée soit plus longue.

4 Tordez et verrouillez la deuxième boucle. Enfin, confectionnez une troisième et dernière boucle. Maintenant, vous voilà devenu un as de la boucle !

UN BON CONSEIL

Souvenez-vous que les épées-ballons éclatent facilement, aussi convient-il de les manier avec précaution.

Éléphant

Voici un petit éléphant avec un grand nez. Si vous voulez, vous pouvez faire des oreilles plus grandes et une trompe plus courte : votre éléphant sera tout aussi drôle et mignon !

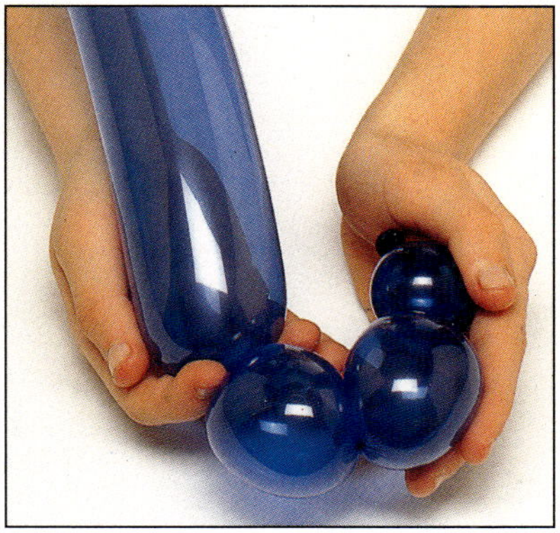

1 Cet animal-ballon est un peu différent des autres, car vous commencez par la queue et terminez par la tête. Gonflez votre ballon en laissant une extrémité non gonflée de 8 cm. Faites une petite bulle de 2 cm de long et deux bulles de 3 cm de long.

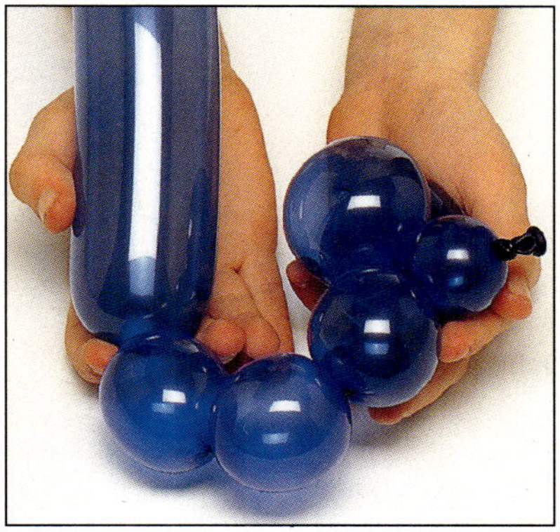

2 Entortillez et verrouillez les deux grandes bulles, de façon à former les pattes arrière. La petite bulle est pour la queue. Confectionnez trois autres bulles pour le corps et les pattes de devant.

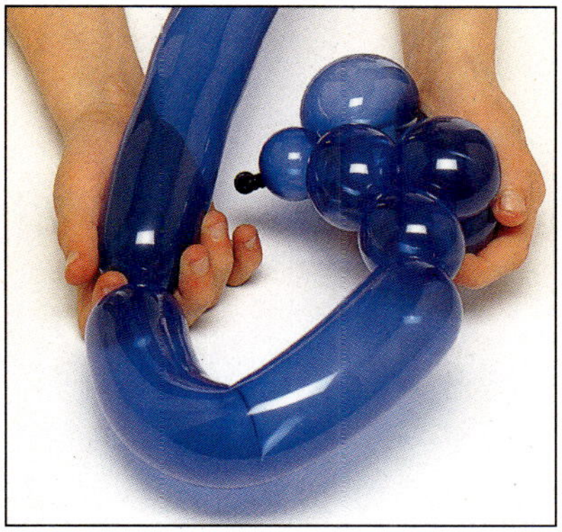

3 Tordez et fixez les pattes de devant en position. Maintenant, faites une petite bulle pour le cou et une longue bulle de 11 cm ou plus pour la première oreille. Faites une boucle avec la bulle la plus longue et entortillez-la pour la fixer dans la bonne position.

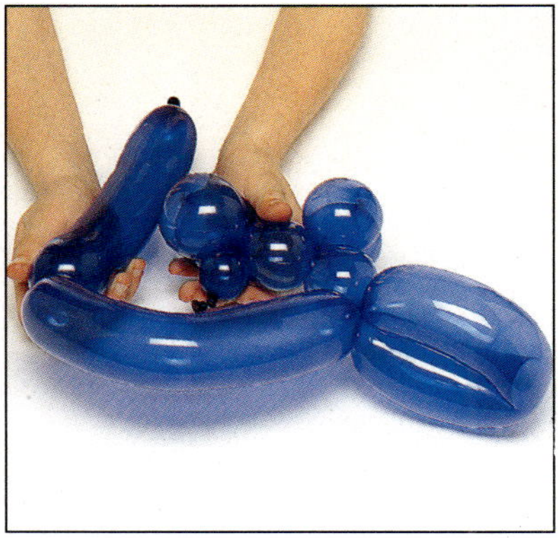

4 Confectionnez une autre bulle de 11 cm, faites-en une boucle et entortillez-la de façon à la mettre dans la bonne position pour la deuxième oreille. Maintenant, incurvez légèrement le reste du ballon pour représenter la trompe.

Cygne

Ne sont-ils pas gracieux ? Débarrassez-vous du canard en plastique qui flotte dans votre baignoire et remplacez-le par l'un de ces cygnes. Il nagera tout aussi bien !

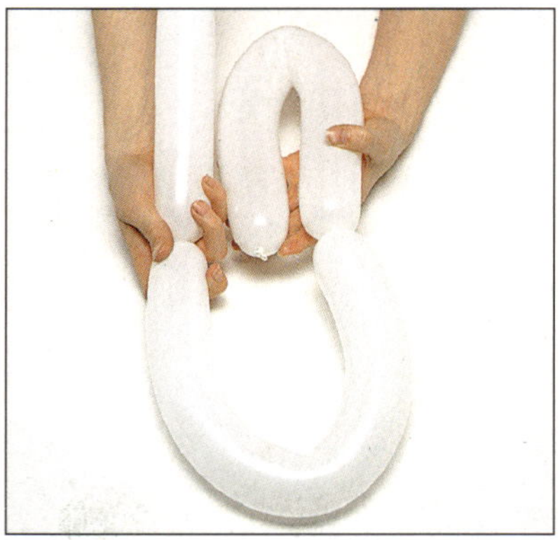

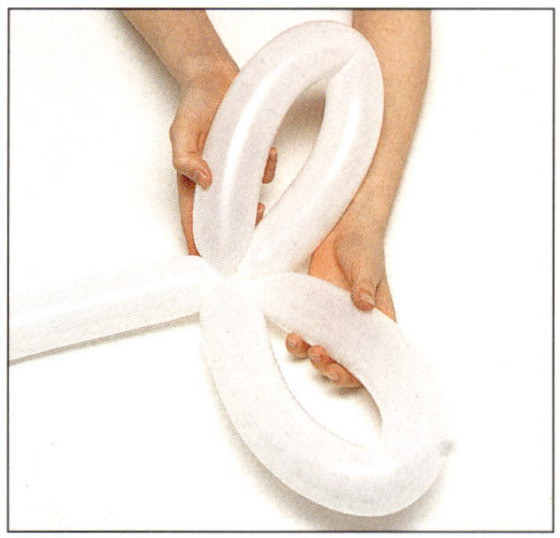

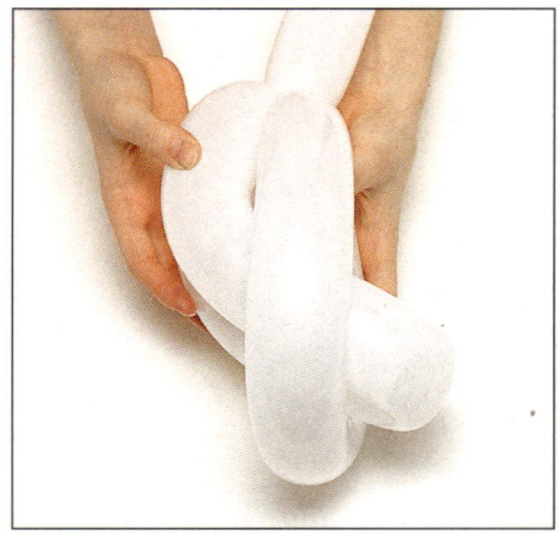

1 Voici un projet facile à réaliser. Gonflez votre ballon en laissant une très petite extrémité non gonflée. Faites deux grandes bulles de 35 cm de long.

2 Formez une boucle avec chacune des grandes bulles et entortillez ensemble les extrémités. Vous devriez maintenant avoir deux grandes boucles et une bulle droite.

3 Glissez une boucle dans l'autre. Disposez les boucles avec soin, de façon à représenter le corps du cygne avec les ailes qui dépassent en haut.

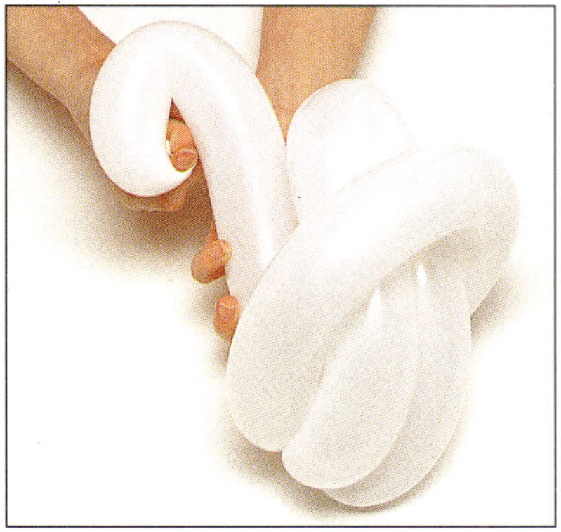

4 Pour le cou si gracieux du cygne, pincez l'extrémité du ballon et recourbez-la.

UN BON CONSEIL

Les cygnes-ballons flottent à merveille dans une baignoire ou une piscine, mais rappelez-vous qu'ils éclatent facilement !

Chenille

Cette adorable chenille peut être arrangée de façon à ramper par terre ou à se tenir debout. Dessinez-lui des yeux afin de distinguer l'avant de l'arrière !

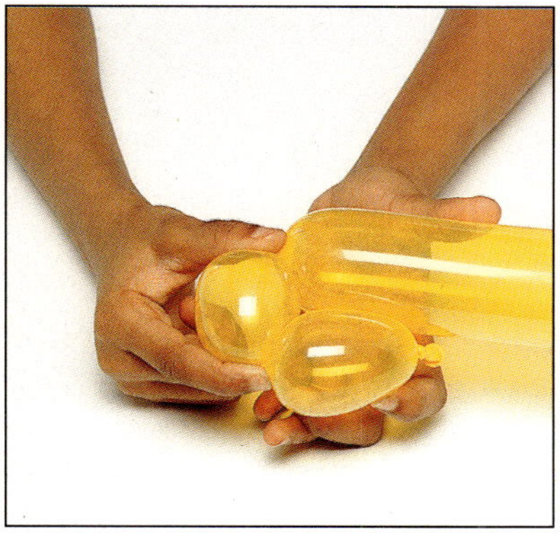

1 Gonflez un ballon en laissant une extrémité non gonflée de 14 cm. Faites une bulle de 4 cm, puis une autre de 3 cm. Tenez-les fermement.

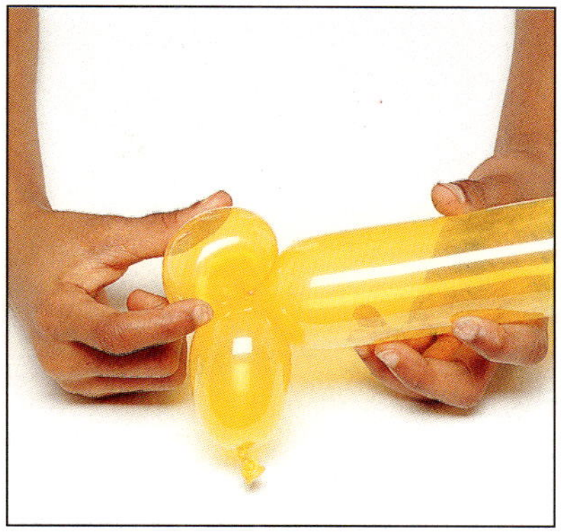

2 Maintenant, pincez et entortillez la deuxième bulle. Ce n'est pas facile, mais insistez, car c'est la seule torsion que vous effectuerez pour réaliser ce projet.

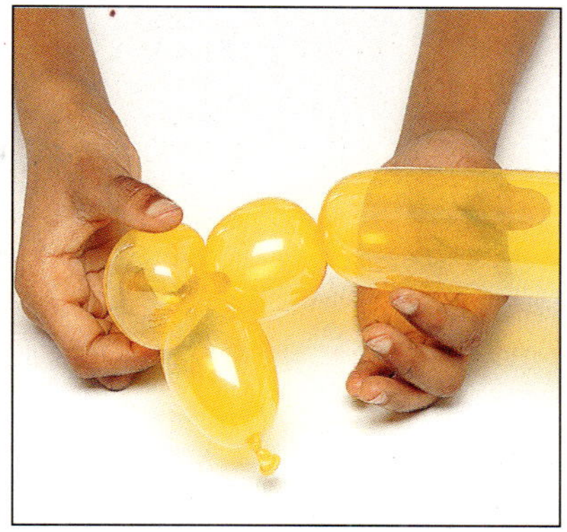

3 Confectionnez une autre bulle de 3 cm que vous pincerez et entortillerez. Vous passerez bientôt maître en cet art !

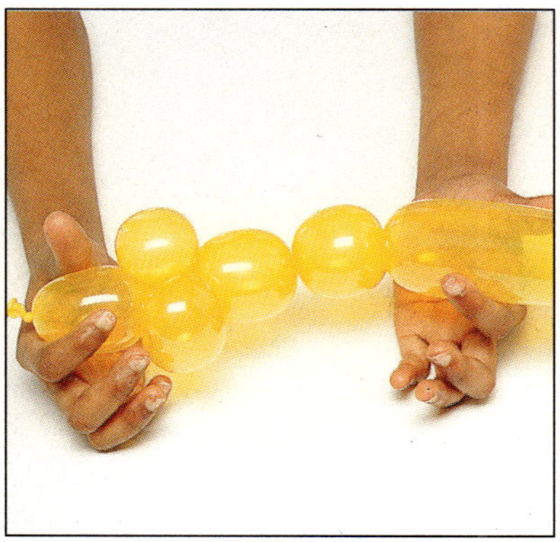

4 Faites deux autres bulles de 3 cm de long, puis pincez et entortillez la deuxième.

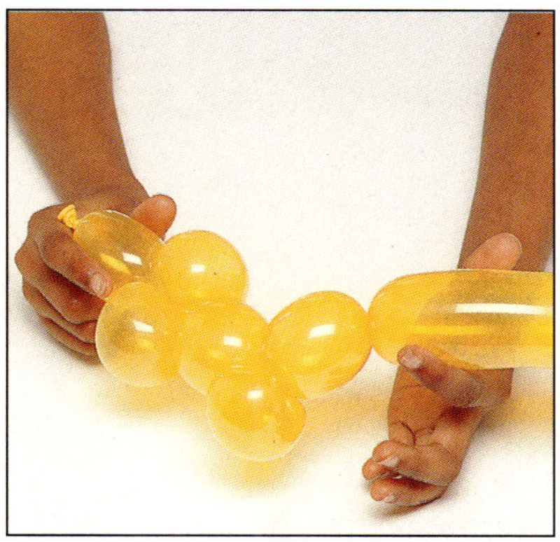

5 Faites une autre bulle puis, mais oui, pincez-la et entortillez-la aussi !

6 Continuez en faisant encore deux petites bulles, pincez et entortillez chacune d'entre elles jusqu'à ce que vous ayez atteint la fin du ballon.

Singe dans un arbre

Voici un singe dans un arbre avec ses longs bras enroulés autour du tronc. Mais d'où sort donc cet arbre ? Il nous semble l'avoir déjà vu quelque part... Il ressemble un peu à l'épée... Essayez de trouver vous-même.

ATTENTION !

Après avoir confectionné ce singe-ballon, peut-être vous apercevrez-vous que vos bananes disparaissent mystérieusement !

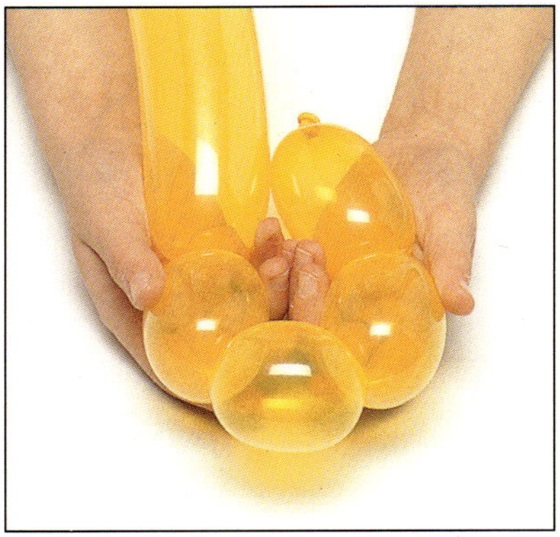

1 Gonflez un ballon en laissant une extrémité non gonflée de 10 cm. Faites une bulle de 5 cm de long et trois autres de 3 à 4 cm de long. Maintenant, entortillez l'extrémité de la première bulle avec l'extrémité de la dernière bulle, de façon à laisser la grosse bulle dépasser d'une boucle consistant en trois bulles plus petites. Vous vous y perdez ? Réjouissez-vous de ne pas avoir à expliquer tout cela !

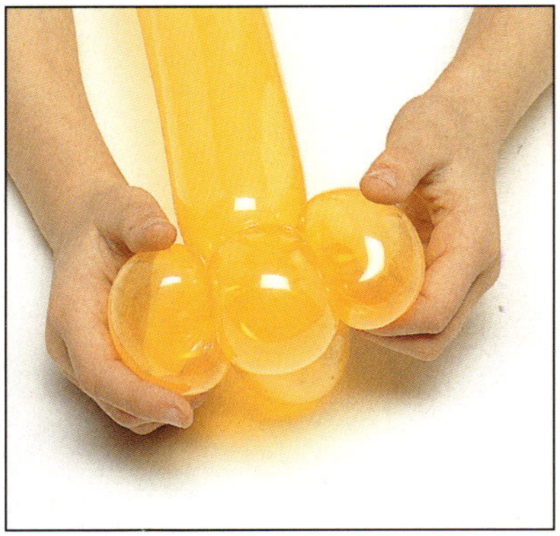

2 Maintenant, pincez et entortillez les deuxième et quatrième bulles. C'est la même chose que pour former une boucle sauf que, comme la bulle est très petite, il faut la pincer pour tordre ses extrémités ensemble.

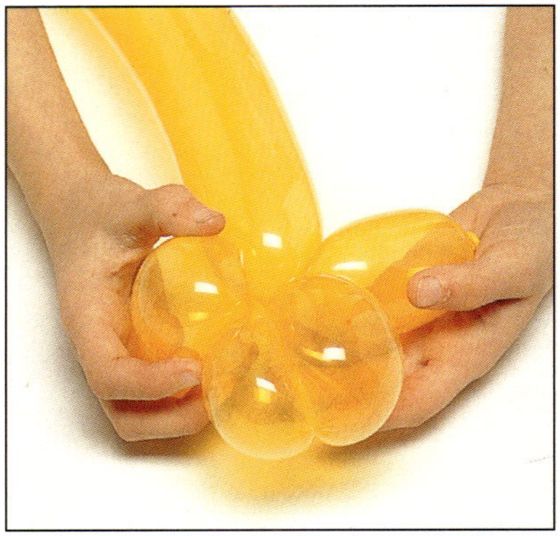

3 Ici, vous voyez la dernière torsion pincée qui sert à faire les oreilles. Est-ce que ce que vous avez fait ressemble à peu près à ceci ? Ne vous inquiétez pas, le plus difficile est fait ! Maintenant, tout devient plus facile.

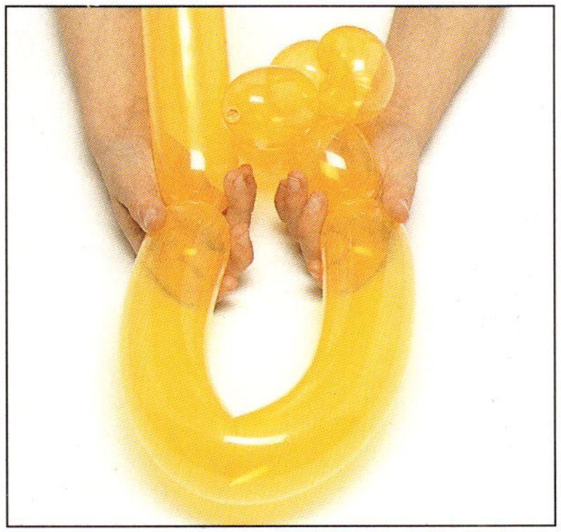

4 Faites une petite bulle pour le cou, puis entortillez et verrouillez une grande boucle pour les bras.

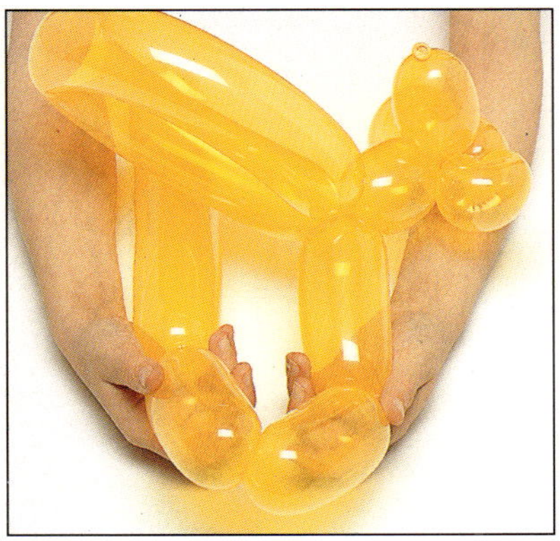

5 Faites trois autres bulles pour le corps et les pattes arrière. Il devrait vous rester une longue queue.

Tournesol

Oh, je sens déjà le merveilleux parfum, pas vous ? Allez-y, confectionnez plusieurs tournesols, puis ajoutez-y des tulipes pour faire un bouquet que vous offrirez.

UN BON CONSEIL
Si vous placez ces tournesols dans un vase, n'y mettez pas d'eau : ils n'en ont pas besoin !

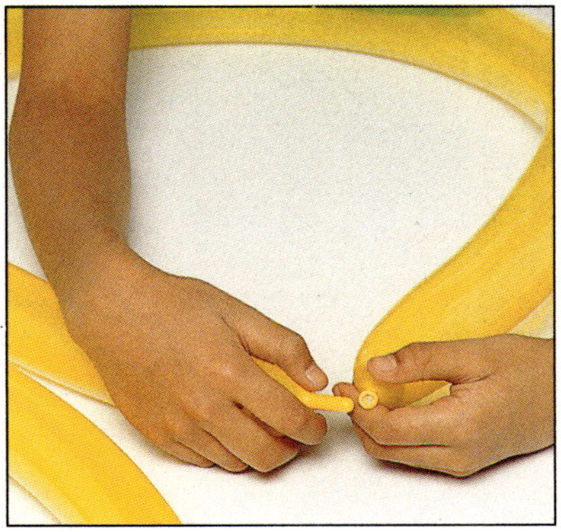

1 Gonflez deux ballons en ne laissant qu'une toute petite extrémité non gonflée pour chacun d'eux. Nouez les extrémités ensemble, de façon à obtenir deux grands cercles.

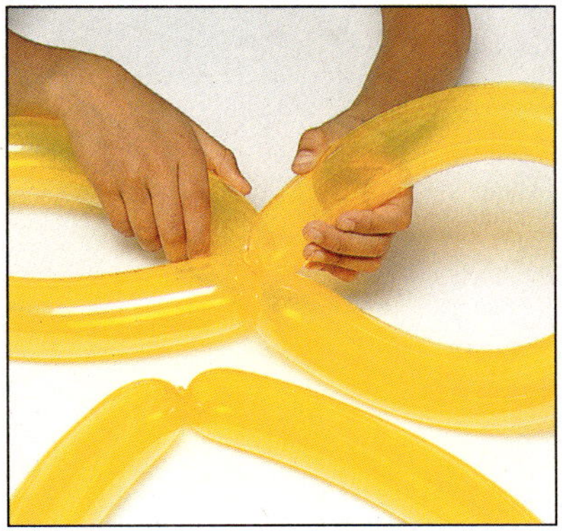

2 Maintenant, tordez chaque boucle au milieu de façon à former un huit. Cette opération ne présente aucune difficulté.

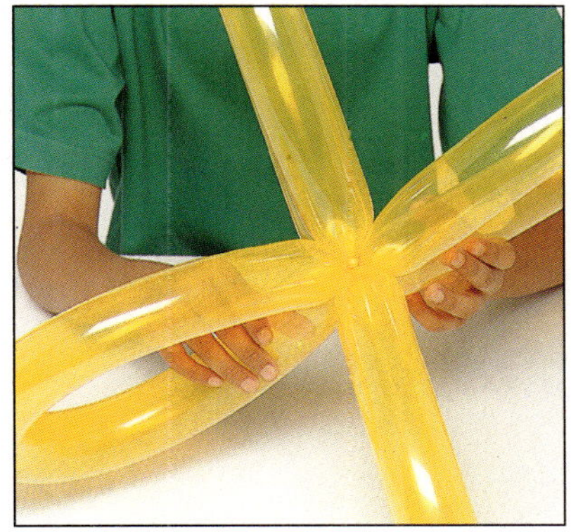

3 Entortillez ensemble les deux huit par le milieu pour former une croix. Ce sont les pétales.

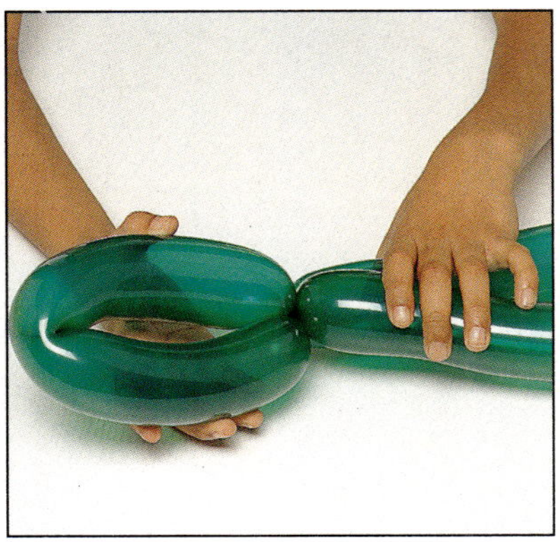

4 Gonflez un autre ballon en ne laissant cette fois encore qu'une petite extrémité non gonflée. Faites une boucle au milieu du ballon. Faites une autre boucle à côté de la première. Maintenant, vous avez une tige et deux feuilles.

5 Enfin, insérez l'extrémité de la tige entre les pétales et entortillez-la pour la fixer dans cette position.

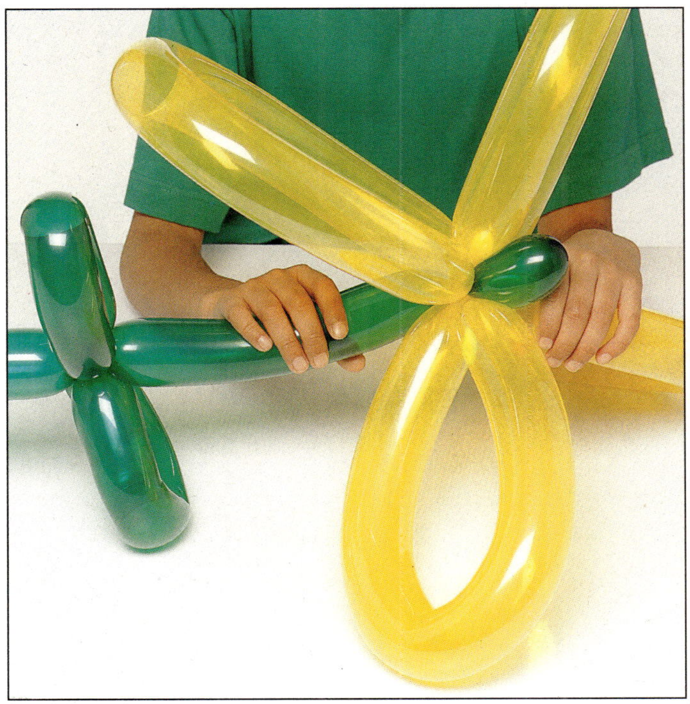

Gros poisson

C'est vraiment un gros poisson, mais il semble végétarien, aussi devriez-vous être en sécurité. Ce poisson a un œil, mais vous pourriez également lui faire des écailles de couleur. Certains poissons tropicaux ont l'air tellement farfelus !

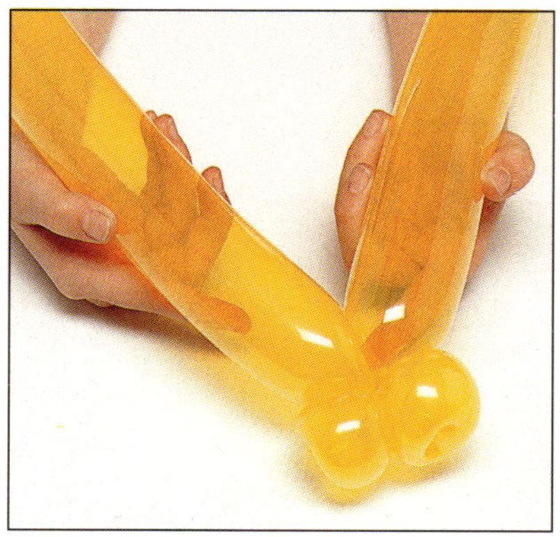

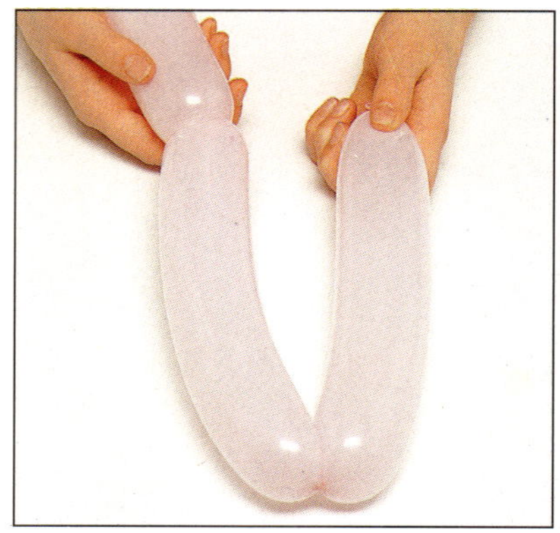

1 Gonflez deux ballons presque à fond. Faites une petite bulle à l'extrémité de chacun d'eux en utilisant la torsion-tulipe. Cela devrait désormais vous paraître facile.

2 Entortillez avec précaution les deux ballons ensemble à la base des torsions-tulipe. Ces deux bulles forment la bouche du poisson.

3 Gonflez un autre ballon, de préférence d'une couleur différente, en laissant une extrémité non gonflée. Utilisant moins de la moitié du ballon, faites deux longues bulles et entortillez ensemble les extrémités.

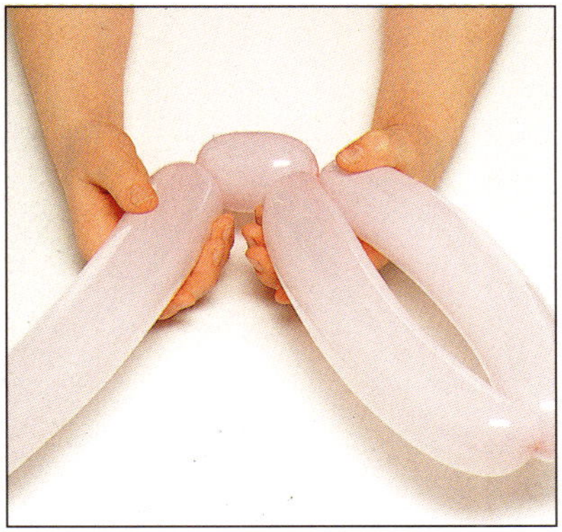

4 Faites une petite bulle de 5 cm de long, approximativement au milieu du ballon. Tordez et pincez la bulle pour la fixer et former un œil.

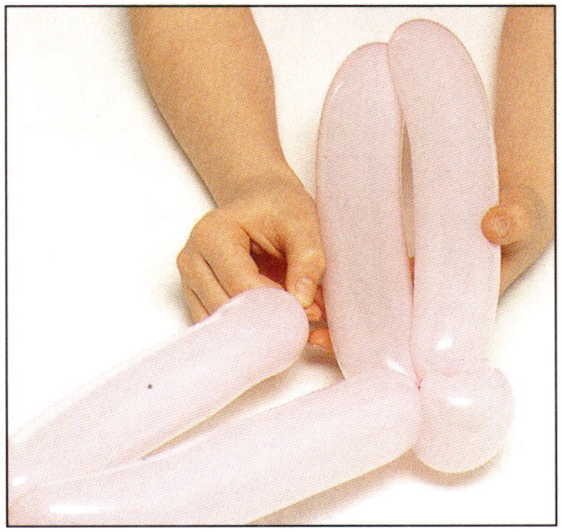

5 Une fois de plus, formez deux longues bulles et entortillez ensemble les extrémités. Ce sont les nageoires la partie la plus difficile.

6 Glissez les nageoires à l'intérieur des deux premiers ballons assemblés. Procédez avec soin pour éviter que les ballons éclatent.

7 Maintenant, entrecroisez les extrémités des ballons et tordez-les pour former la queue. Au fond, ce n'était pas si difficile que cela ?

Avion

Bien qu'il s'agisse d'un excellent modèle, vous n'aurez sans doute pas envie de vous embarquer à bord de cet avion. Imaginez que vous ouvriez la porte et que tout l'air sorte d'un coup ! Essayez d'accrocher votre aéroplane au plafond avec des bouts de ficelle ou faites-en un mobile. Dans tous les cas, bonne chance !

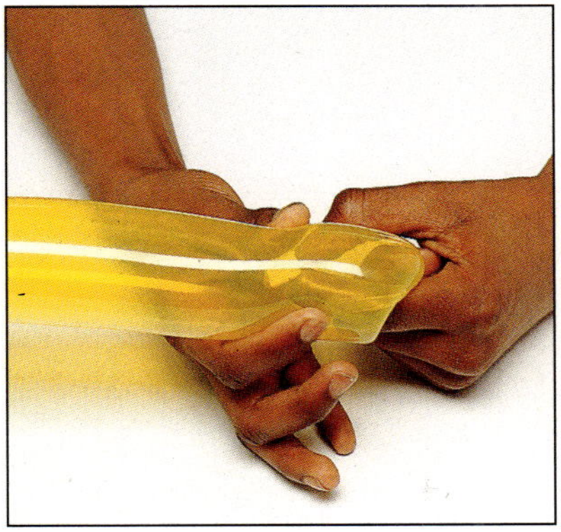

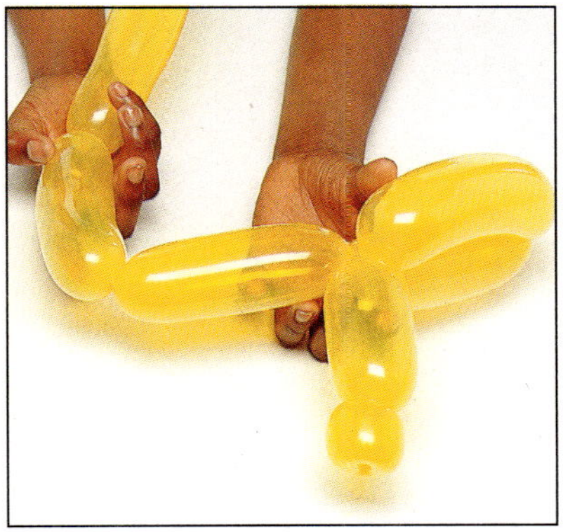

1 Gonflez votre ballon en laissant une extrémité non gonflée de 5 cm. Utilisez la torsion-tulipe pour faire une petite bulle : c'est l'hélice. Pour plus de réalisme, efforcez-vous de la garder bien plate !

2 Faites une bulle de 5 cm et deux bulles de 12 cm. Entortillez ensemble les deux bulles plus longues pour former une aile.

3 Faites deux autres bulles de 12 cm pour la deuxième aile. Main-tenant, vous êtes prêt à décoller !

4 Sur la partie arrière du ballon, faites une bulle de 3 cm et une autre de 12 cm. Formez une boucle avec la plus grande des deux pour représenter la queue de l'appareil.

Renne

Pas de traîneau en vue, et pourtant voici un renne ! Pour la période de Noël, pourquoi ne pas lui dessiner un nez rouge et le baptiser Rodolphe ?

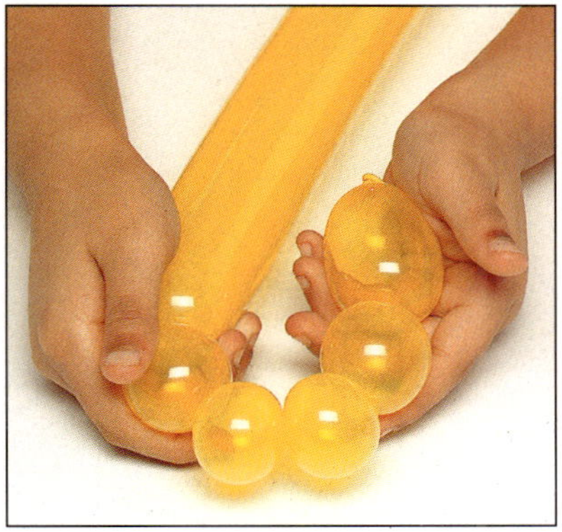

1 Avec ce projet, vous allez avoir les mains pleines de bulles, mais il n'est pas trop difficile à réaliser. Gonflez votre ballon en laissant une extrémité non gonflée de 10 cm. Faites une bulle de 4 cm ainsi que quatre bulles de 2 ou 3 cm.

2 Entortillez ensemble la base de la première et de la quatrième bulle, de façon à former un carré de bulles. Cela représente la moitié des bois du renne. Maintenant, faites quatre autres bulles de 2 à 3 cm.

3 Entortillez le deuxième ensemble de bulles pour compléter les bois. Faites les pattes de devant (vous devriez désormais savoir vous y prendre !).

4 Complétez les pattes arrière et la queue, et le tour est joué ! Comme vous pouvez le constater, le renne ressemble beaucoup au chien, sauf que les oreilles sont devenues des bois.

SUGGESTION

Ici, nous n'avons utilisé que quatre bulles par bois, mais vous pourriez aller jusqu'à six ou même huit bulles. C'est un bon entraînement, mais n'oubliez pas, au départ, de laisser une extrémité non gonflée plus longue.

Nounours

Eh bien, voyez ce qui se passe ici : le nounours ne veut pas rester assis tout seul, il préfère grimper le long de votre bras ! Si vous voulez vous faire remarquer, vous pouvez également confectionner un chapeau-ours !

1 Ici, il y a beaucoup de torsions, aussi devrez-vous laisser une extrémité non gonflée de 12 cm. Faites une bulle de 5 cm et une autre de 2 à 3 cm, puis une bulle de 3 à 4 cm, trois bulles de 2 à 3 cm et enfin une dernière bulle de 3 à 4 cm. Ouf !

2 Pour représenter la tête du nounours, regardez attentivement l'illustration ci-dessus. Entortillez ensemble les deux bulles de 3 à 4 cm, de façon à former un cercle de bulles. Poussez la première au centre du cercle, de façon à ce qu'elle ressorte de l'autre côté.

3 Tordez et pincez une des bulles de 2 à 3 cm pour former la première oreille. Maintenant, faites de même pour la deuxième oreille – c'est la partie la plus difficile de l'opération. Vous avez réussi ? Bien joué !

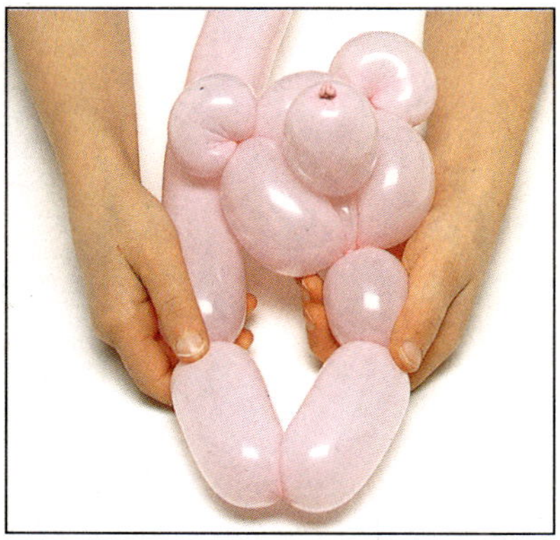

4 Laissez une petite bulle pour le cou, puis faites deux bulles plus longues pour les pattes de devant. Maintenant, vous pourriez vous contenter de former les deux pattes arrière pour terminer votre nounours, mais essayez plutôt de suivre les étapes 5 et 6.

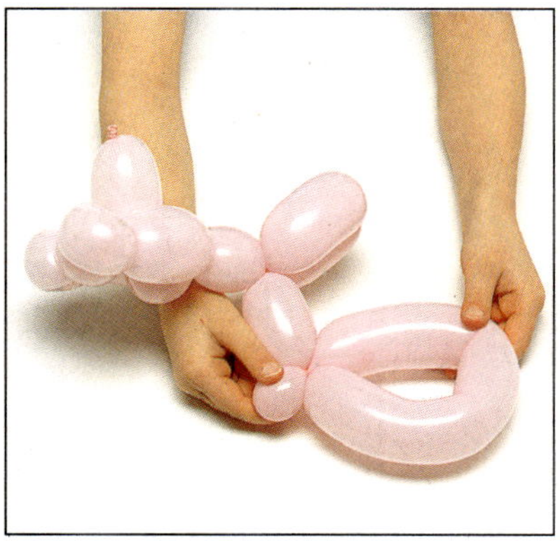

5 Confectionnez une longue bulle et faites-en une boucle, tordez en laissant une petite bulle pour la queue.

6 Comme pour le lapin-ballon, si vous poussez les pattes de devant à l'intérieur de la boucle-pattes arrière, votre nounours tiendra assis tout seul !

Vos propres oreilles ?

Avec un petit morceau de fromage et ces oreilles farfelues, vous pouvez vous transformer en lapin ou en souris ! Couic ! Couic !

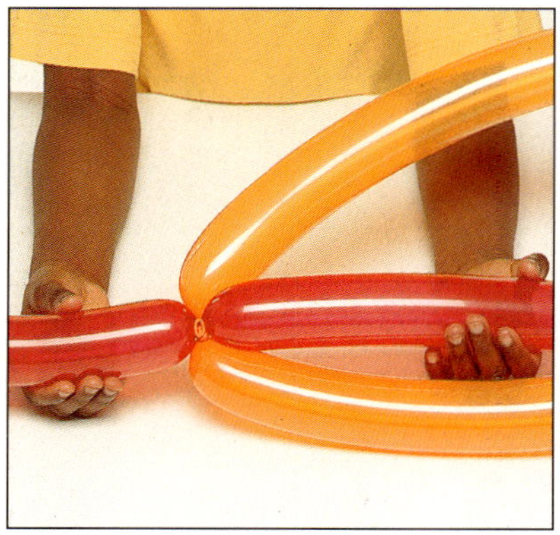

1 Gonflez deux ballons en ne laissant qu'une petite extrémité non gonflée pour chacun d'eux. Tordez chaque ballon par le milieu et attachez ses extrémités ensemble. Ce seront vos nouvelles oreilles. Je suis sûr que vous êtes très impatient de les porter !

2 Gonflez un autre ballon en ne laissant qu'une petite extrémité non gonflée. Attachez-y l'une des oreilles, à l'aide d'une torsion croisée, à environ 10 cm à partir du milieu du ballon.

3 Formez l'autre oreille à environ 10 cm à partir du centre, de l'autre côté. Selon la taille de votre tête, vous pouvez être amené à déplacer légèrement les oreilles.

UN BON CONSEIL

Rappelez-vous : tenez toujours les ballons loin de vos yeux. S'ils éclatent, ils risquent de vous blesser.

4 Fixez les oreilles autour de votre tête à l'aide d'une torsion croisée. On peut aisément les ajuster, de façon à ce qu'elles s'adaptent à n'importe quelle tête.

Chapeau-chien

Vous n'avez pas besoin d'une laisse pour promener ce petit chien, il restera fidèlement accroché à vous !

SUGGESTION

Et pourquoi ne pas adapter les autres animaux-ballons de façon à ce qu'ils tiennent assis sur votre chapeau ? Pour cela, il vous suffit de transformer leurs pattes en boucles. Ainsi vous pourrez avoir un chapeau-singe, un chapeau-ours, un chapeau-girafe... Tout est possible, et complètement farfelu !

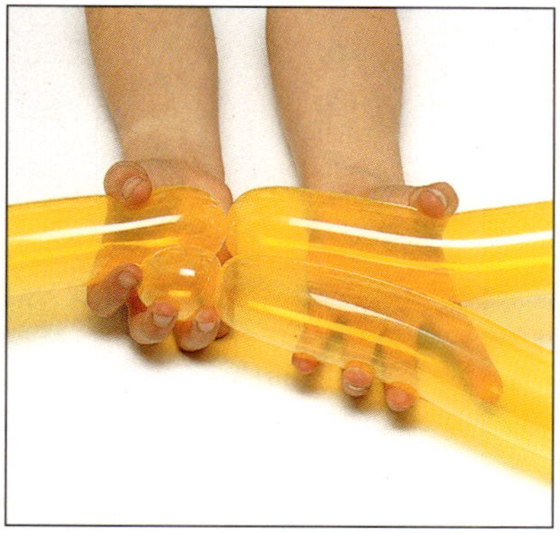

1 La taille du chapeau dépendra de celle de votre tête. Gonflez votre ballon en laissant une petite extrémité non gonflée. Faites une bulle de 3 cm, puis une bulle assez longue pour faire le tour de votre tête.

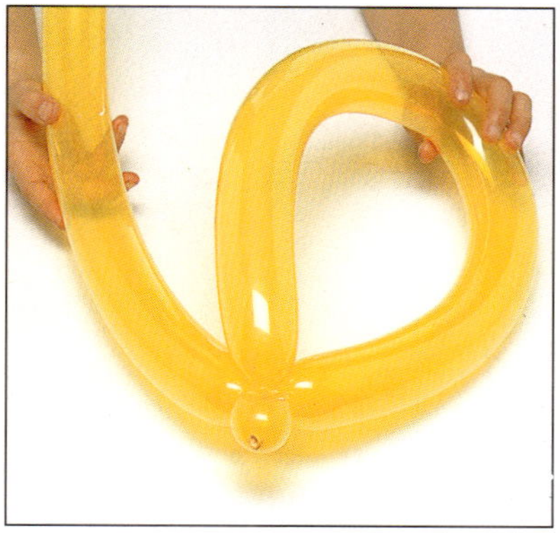

2 Entortillez ensemble les extrémités des bulles pour former le bandeau de votre chapeau. Maintenant, gonflez un autre ballon et commencez à confectionner votre chien.

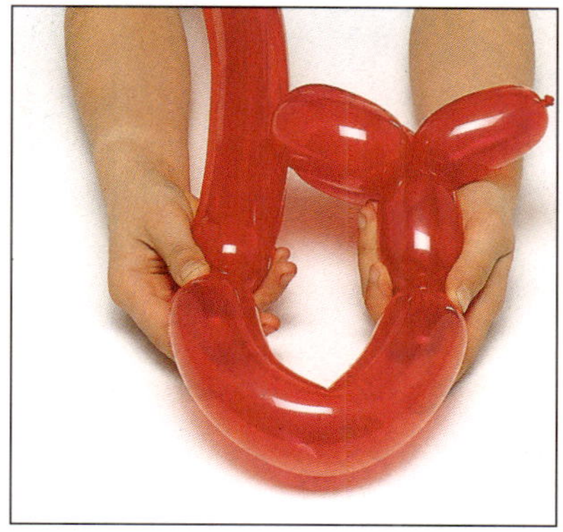

3 Faites un chien comme précédemment, mais remplacez les pattes de devant et les pattes arrière par des boucles.

4 Poussez l'extrémité libre de votre bandeau à travers les pattes du chien et faites glisser celui-ci en avant. Maintenant, vous savez pourquoi ce chien a les pattes arquées !

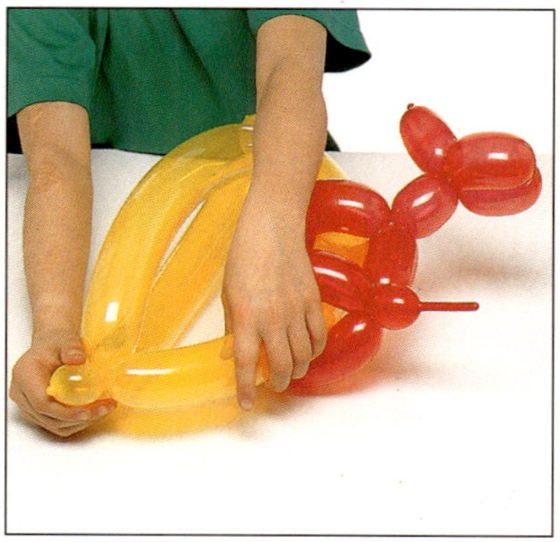

5 Faites une petite bulle tout à fait à l'extrémité de votre ballon. À l'aide d'une torsion, fixez cette bulle sur le bandeau, à l'opposé de la première torsion.

Chapeau spirale

Vous ferez sensation si vous portez ce chapeau lors d'une prochaine fête.

UN BON CONSEIL

Ce chapeau fera plus d'effet si vous utilisez deux ballons, ou même trois ou quatre, de couleurs différentes. Si vous attachez deux ballons de plus au bandeau, vous pourrez enrouler les quatre ballons en spirale. Quel chapeau, mes amis !

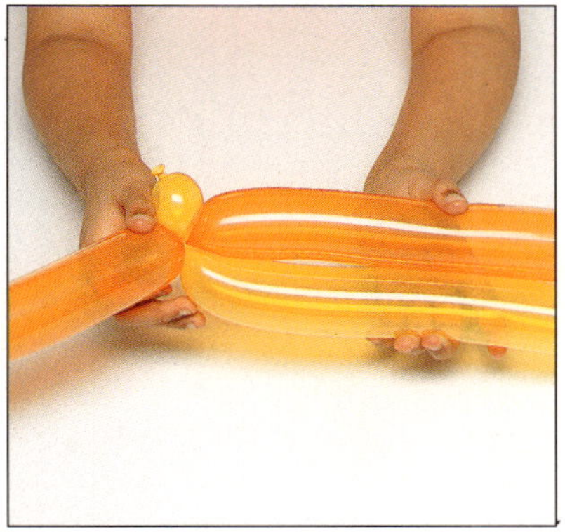

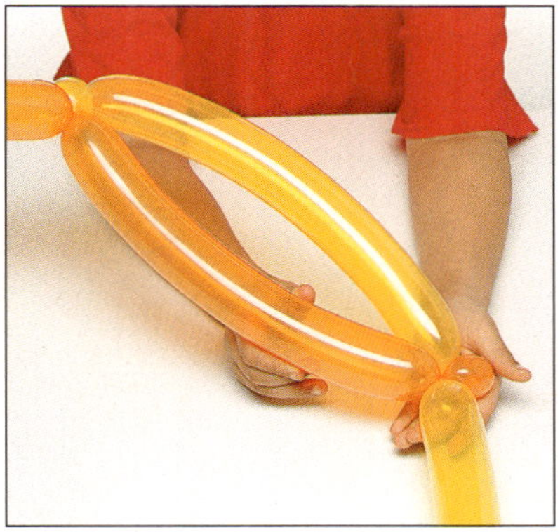

1 Gonflez deux ballons. Faites une petite bulle dans l'un d'eux. Fixez-la par torsion sur le deuxième ballon, à 16-24 cm de l'extrémité, selon la taille de votre tête.

2 Faites une petite bulle dans le second ballon et fixez-la sur le premier ballon pour compléter le bandeau. Après plusieurs essais, vous saurez instinctivement si le bandeau est aux bonnes dimensions.

3 Maintenant, amusons-nous ! Enroulez les ballons les uns autour des autres, de façon à obtenir une spirale.

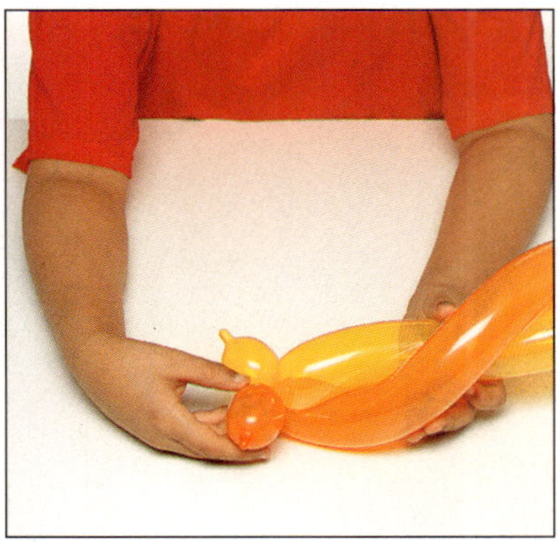

4 Pincez les deux ballons en haut en les entortillant pour les fixer en position afin d'empêcher que la spirale ne se déroule.

Roi de coeur

Avec cette petite couronne sur la tête, vous ressemblerez au Roi de cœur. Vous n'êtes pas obligé d'ajouter un ballon en haut de votre chapeau, mais pourquoi pas ? Vous pourriez ajouter un ballon rond, un ballon en spirale et même des bouts de ruban. Allez-y, laissez libre cours à votre imagination !

SUGGESTION

Pourquoi ne pas faire des chapeaux-ballons avec vos amis afin de voir lequel d'entre vous est le plus imaginatif et le plus farfelu ?

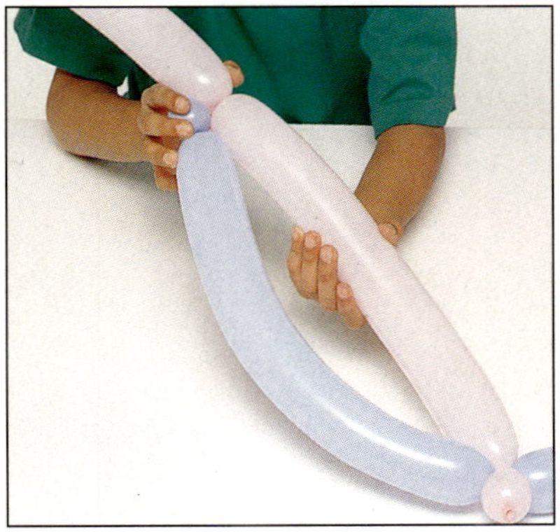

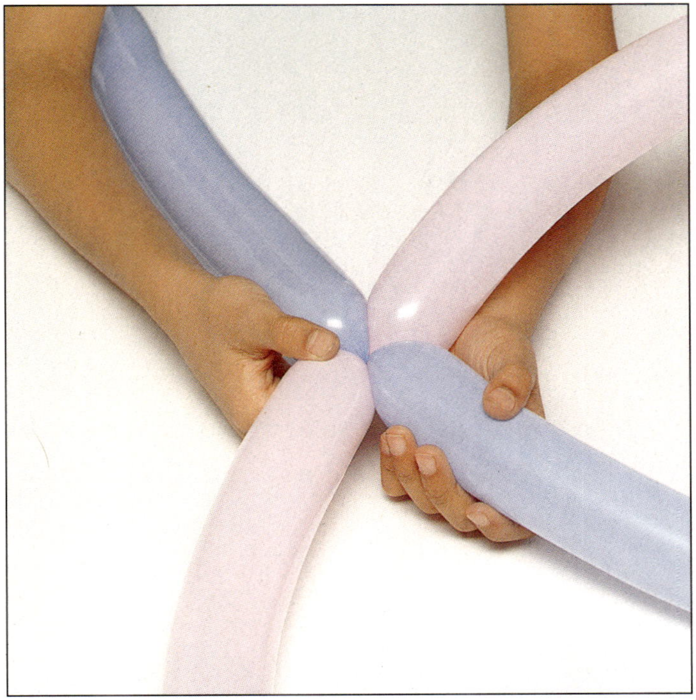

1 Gonflez à fond deux ballons et entortillez-les ensemble pour former un bandeau. Assurez-vous que les extrémités qui dépassent du bandeau sont de la même longueur.

2 Entrecroisez et entortillez les deux extrémités libres à un peu moins de la moitié de leur longueur.

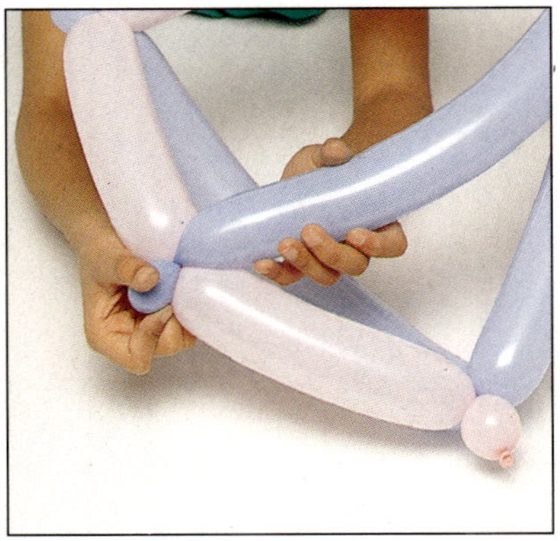

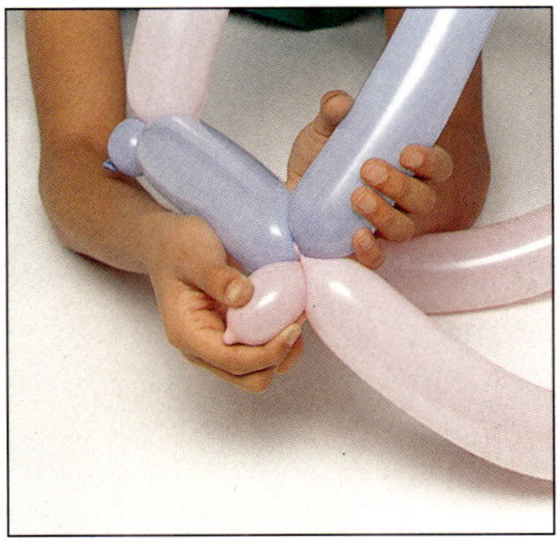

3 Faites une petite bulle au bout de l'une des extrémités libres. Entortillez-la sur le bandeau, à mi-parcours de l'un des côtés.

4 Fixez l'autre extrémité libre sur l'autre côté du bandeau de la même façon. Maintenant, vous êtes prêt pour le couronnement ! Si vous le souhaitez, attachez un ballon au-dessus de votre couronne en guise de décoration.

Construisez votre propre maison

Cette maison a beaucoup de succès et elle est vraiment amusante à construire. Laissez libre cours à votre imagination et ajoutez des pièces ou faites des portes-ballons, des fenêtres-ballons, des arbres-ballons et des réverbères-ballons. Votre maison sera aussi grande que vous le souhaitez, mais n'oubliez pas qu'elle ne sera pas très chaude en hiver et que vous serez trempé lorsqu'il pleuvra !

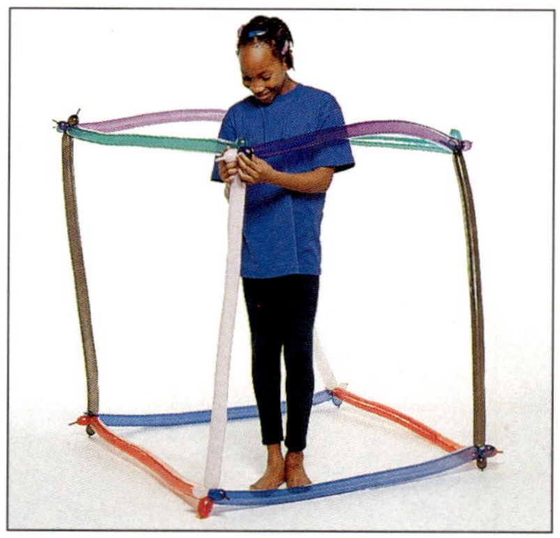

1 Gonflez à fond 17 ballons : il s'agit ici d'une maison grand modèle ! Commencez par tordre ensemble les extrémités pour former deux carrés. Vous avez déjà utilisé huit ballons, il ne vous en reste plus que neuf !

2 Utilisez quatre ballons de plus pour relier les deux carrés et former un cube. Entortillez les extrémités pour faire tenir l'ensemble.

3 Attachez un ballon aux quatre coins du cube, en haut. Entortillez ces ballons ensemble pour former deux triangles. Ajoutez un dernier ballon entre les deux triangles pour compléter votre maison.

4 Bravo ! Maintenant, vous pouvez ajouter d'autres pièces si cela vous tente, ou encore faire des fenêtres-ballons ou des portes-ballons.

5 Essayez de voir quelles autres constructions vous pourriez fabriquer. Ici, vous voyez un tipi plutôt branlant. Peut-être êtes-vous capable de faire mieux ?

SUGGESTION

La maison ci-dessus est multicolore, mais vous pouvez également construire une maison avec des murs faits de ballons rouges et un toit fait de ballons noirs, ou imaginez toute autre combinaison de couleurs.

La balle dans le ballon

Qu'est-ce donc ? Un chien invisible ? Nous pouvons voir ce qu'il a mangé au petit déjeuner – à moins qu'il n'ait avalé une balle ? Vous allez probablement faire éclater beaucoup de ballons car ce projet n'est pas facile !

UN BON CONSEIL

Les ballons transparents sont parfois difficiles à trouver. Ne vous inquiétez pas si vous ne parvenez pas à vous en procurer : les ballons jaunes font tout aussi bien l'affaire. Bien sûr, vous pouvez mettre une balle à l'intérieur de n'importe quelle couleur, mais vous ne la verrez qu'en tenant votre ballon devant une source de lumière.

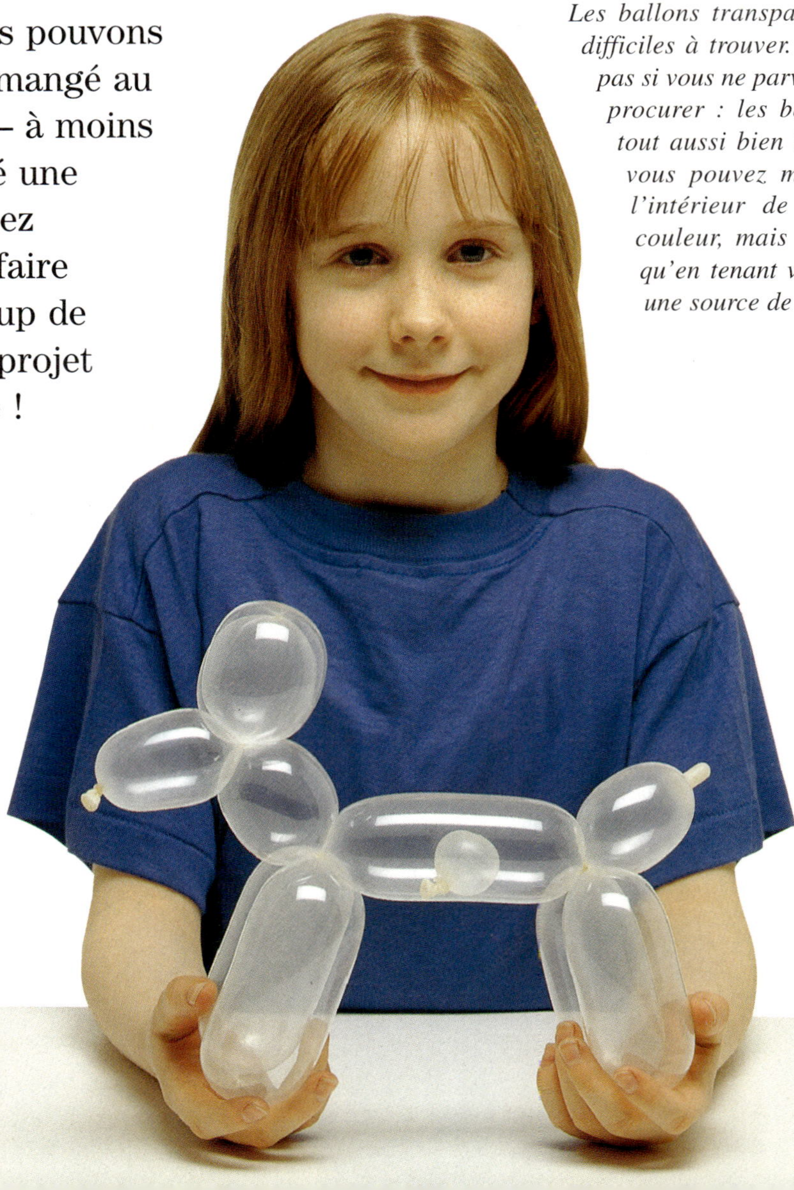

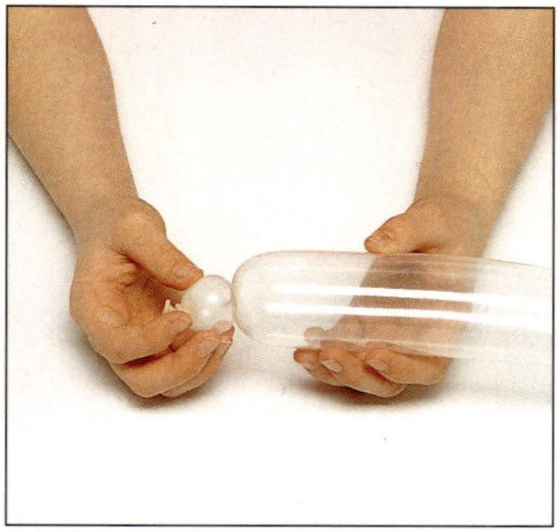

1 Gonflez votre ballon en laissant une petite partie non gonflée à l'extrémité. Faites une petite bulle au bout. La bulle devrait être plus petite que la largeur du ballon.

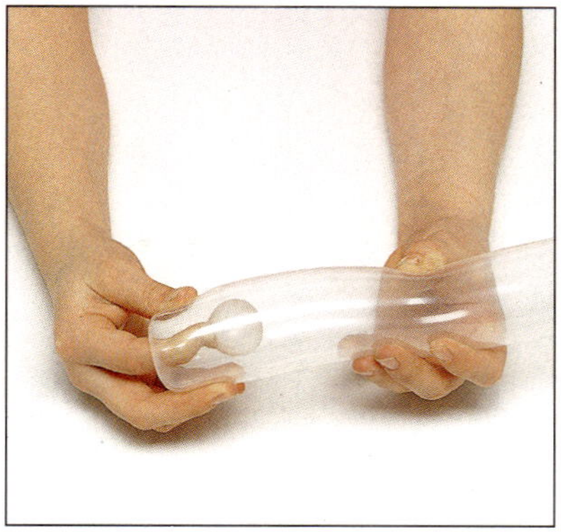

2 Avec votre doigt, poussez doucement mais fermement la petite bulle à l'intérieur du ballon. Retenez bien le ballon avec votre autre main, sinon il partira comme une flèche.

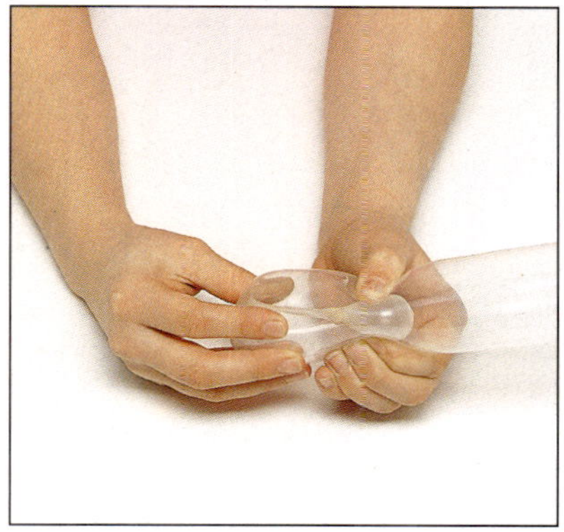

3 De l'autre main, pincez la bulle depuis l'extérieur du ballon afin de la maintenir en place. Retirez votre doigt et saisissez l'extrémité du ballon.

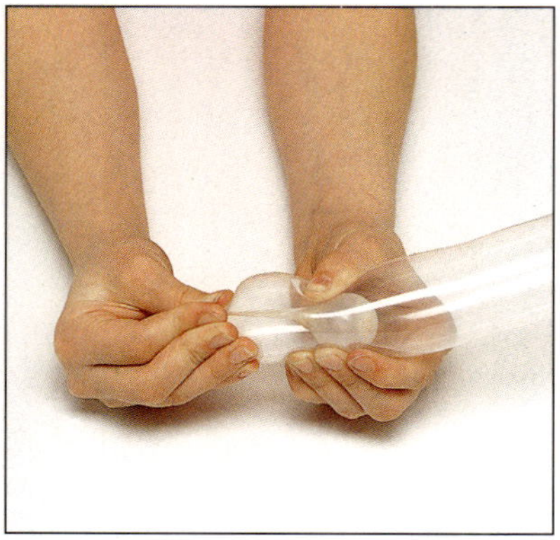

4 Maintenant, il vous faut rompre la fine bande de caoutchouc qui relie la bulle à l'extrémité du ballon. Pour cela, écartez brusquement vos mains. Vous serez peut-être obligé de vous y reprendre à plusieurs fois.

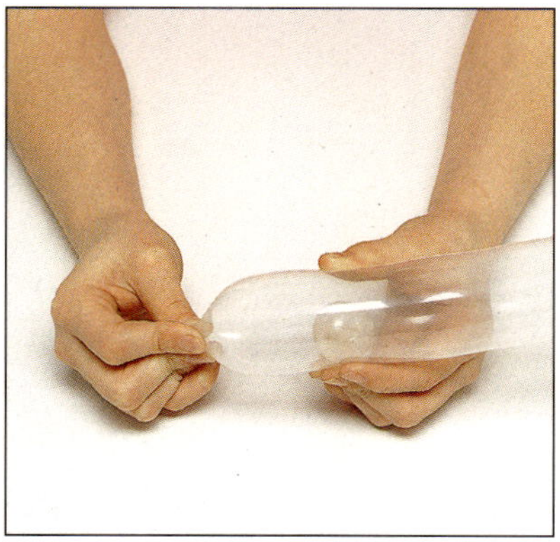

5 À ce stade, la bulle devrait être libre à l'intérieur du ballon. Nouez soigneusement la nouvelle extrémité du ballon et lâchez. Vous pouvez maintenant confectionner l'animal de votre choix et regarder la balle rouler dans son ventre.

Des tours fous !

Épatez vos amis avec ces tours de passe-passe, mais ne dévoilez vos secrets à aucun prix !

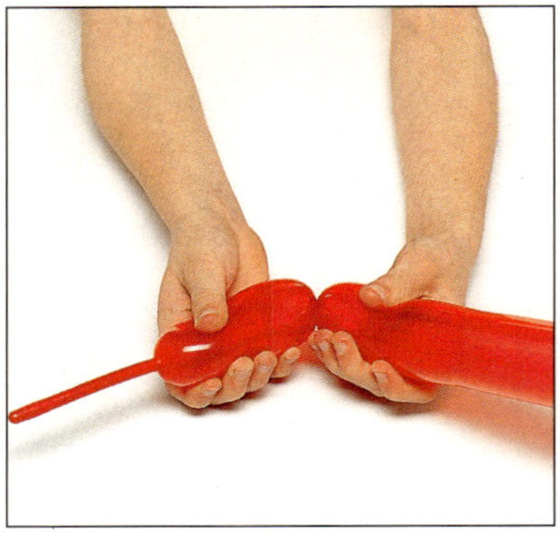

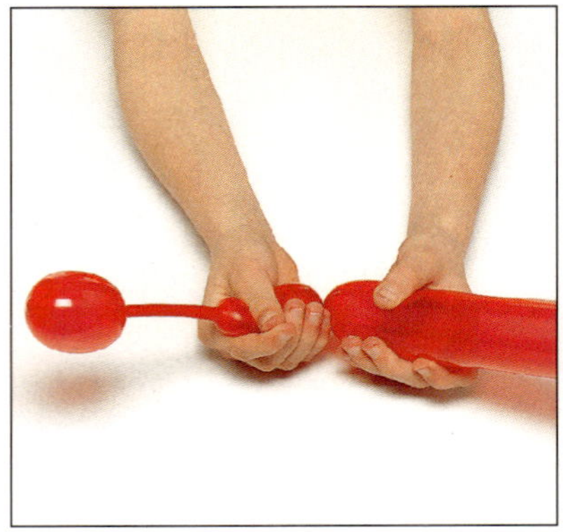

1 Pour vous préparer à exécuter le premier tour, gonflez un ballon en laissant une longue extrémité non gonflée. Pincez le bout de cette partie non gonflée avec les deux mains, et étirez-la à plusieurs reprises. Allez-y, tirez fort !

2 Pour exécuter le tour, formez une bulle de 6 à 8 cm de long à l'extrémité du ballon et tenez-la dans votre main. Devinez-vous ce qui va arriver si vous pressez la bulle ?

3 Pressez la bulle très fort. Vous devriez obtenir une autre bulle au bout de la queue du ballon. Si ce n'est pas le cas, étirez le ballon un peu plus et tentez de nouveau votre chance.

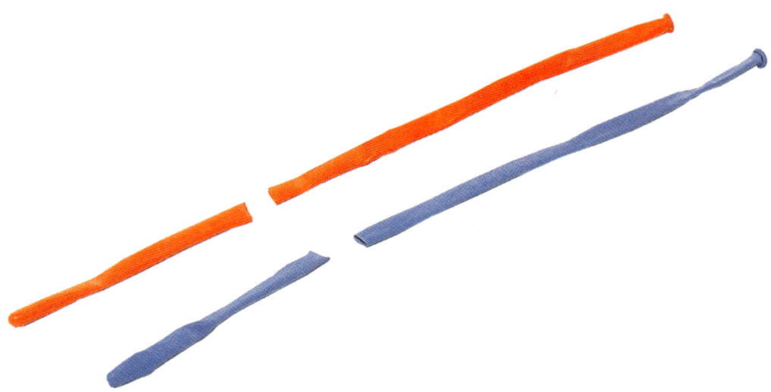

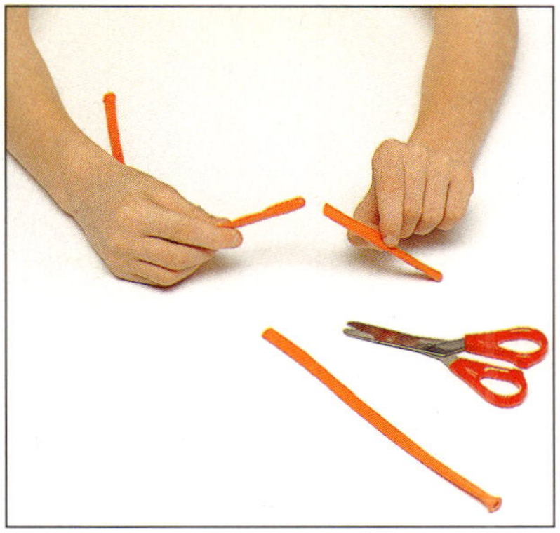

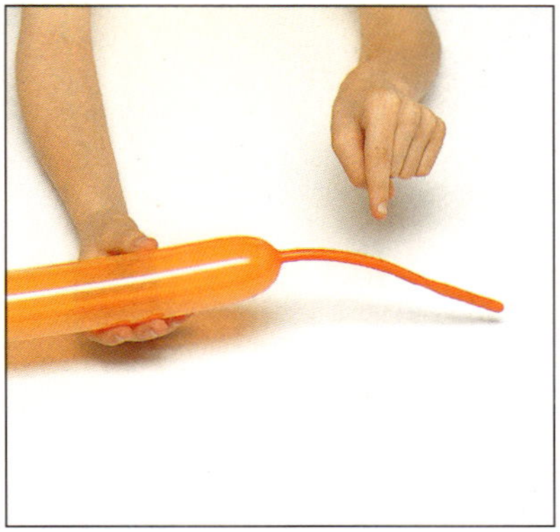

1 Pour le tour suivant, prenez deux ballons non gonflés de la même couleur. Coupez l'extrémité de l'un d'eux à l'aide d'une paire de ciseaux. Glissez l'extrémité coupée à l'intérieur de l'extrémité du ballon. Maintenant, vous êtes prêt.

2 Dites à vos amis que vous possédez un ballon magique et proposez-leur de leur montrer un tour. Gonflez le ballon, mais pas complè-tement. Laissez un peu d'espace entre la véritable extrémité du ballon et la fausse.

3 Tenez le ballon d'une main par le bout de la queue. Dites à vos amis que cette extrémité est trop longue et tirez prestement sur la queue.

4 La fausse extrémité se détachera du reste du ballon avec un bruit sec. Observez le visage de vos amis, stupéfaits que le ballon n'ait pas éclaté ou ne se soit pas dégonflé !

UN BON CONSEIL

Ayez toujours un autre ballon prêt pour ce tour pour le cas où vos amis vous demanderaient de l'exécuter une nouvelle fois.

Évasion impossible !

Je ne crois pas que Houdini, le grand magicien spécialiste des évasions, ait eu du mal à se défaire de ces menottes. Mais au moins, vous n'aurez pas à craindre d'égarer la clef !

UN BON CONSEIL

Ne mettez pas ces menottes à des amis qui ne souhaiteraient pas se laisser faire, elles éclatent facilement si l'on bouge trop !

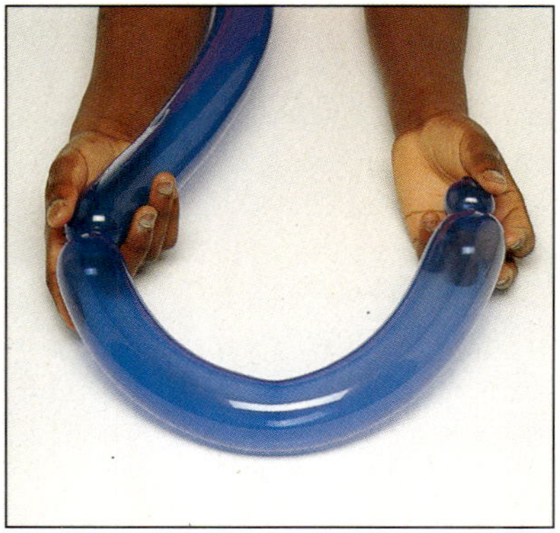

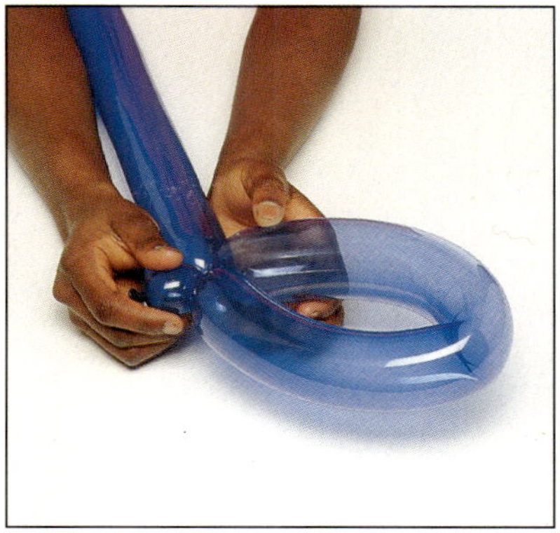

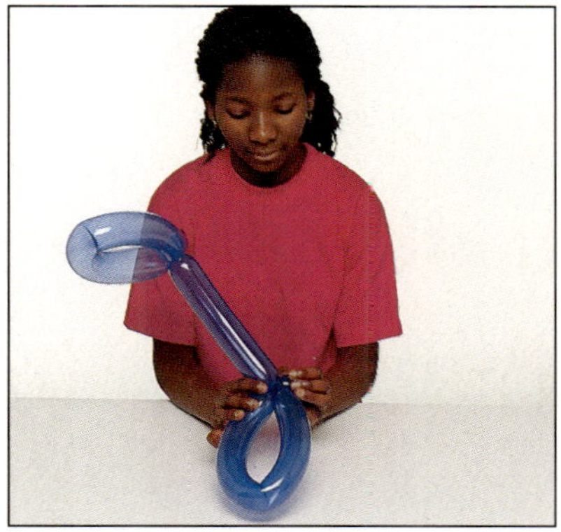

① Gonflez un ballon en ne laissant qu'une petite extrémité non gonflée. Faites une petite bulle, puis une longue bulle. Faites une boucle avec la longue bulle et entortillez-la de façon à former la première partie des menottes.

② Entortillez ensemble les extrémités des bulles pour fermer la boucle. Puis faites une autre petite bulle et une autre longue bulle à l'autre extrémité du ballon.

③ Fermez la seconde boucle à l'aide d'une autre torsion : vous avez votre paire de menottes ! Ne serrez pas trop les boucles, faute de quoi les ballons risqueraient d'éclater lorsque vous enfilerez vos menottes.

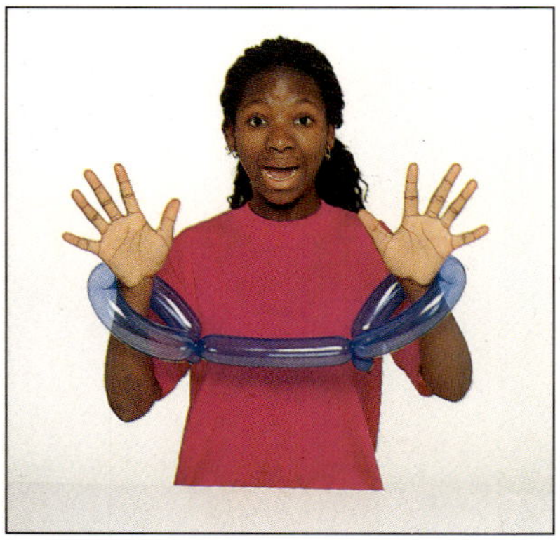

④ Mettez vos menottes. Maintenant, vous avez une excellente excuse pour ne pas faire vos devoirs ! Comment écrire lorsqu'on a les mains emprisonnées de la sorte ?

REMERCIEMENTS

Les éditeurs tiennent à remercier les enfants suivants pour leur participation à la réalisation des projets présentés dans cet ouvrage, ainsi que leurs parents et l'école primaire de Walnut Tree Walk, qui le leur ont permis :

Nana Addae
Richard Addae
Leah Bone
William Carabine
Emma Cotton
Lawrence Defraitus
Lee Knight
Barry Lee
Kirsty Lee
Claire McCarthy
Erin McCarthy
Ify Obi
Adenike Odeleye
Fola Oladimeji
Josephina Quayson
Devika Webb

L'auteur tient à remercier tous ceux qui ont partagé leurs idées au fil des années, en particulier aux premiers inventeurs de ballons à modeler, qui qu'ils soient. Merci également à tous les fabricants de chocolat et de biscuits à l'orange, si délicieux à la sortie du réfrigérateur ! Toutes mes excuses à Sophie, qui a été obligée de dactylographier tout cela.